③

야나기타 리카오 **글**
히메노 가게마루 **그림**
정인영 **옮김**
포켓몬주식회사 **협력**

포켓몬으로 배우는 과학의 기본자세

야호~! 〈상상초월 포켓몬 과학 연구소〉 시리즈가 벌써 세 권째다. 이 시리즈가 이렇게까지 계속되리라고는 기대하지 않았던 터라 정말로 뿌듯하다. 이 책이 술술 써져서 기쁜 마음을 순수하게 표현한다고 생각하는 독자들이 많겠지만, 사실 그렇지는 않다.

〈상상초월 포켓몬 과학 연구소〉 시리즈는 책에 소개할 포켓몬들을 정하는 것부터 시작한다. 이때 무심코 '개굴닌자는 멋있으니까 꼭 넣어야지', '메로엣타도 엄청 귀엽잖아?', '약하기로 소문난 잉어킹에게도 좀 관심이 가네……'처럼 포켓몬들의 매력에 끌려 목록을 정리한다. 그런데 막상 과학적으로 검증하는 단계가 되면, '앗, 물수리검? 이걸 과학적으로 어떻게 설명하지?' 혹은 '메로엣타처럼 음악으로 감정을 조종하는 게 가능할까?' 하고 쩔쩔맬 때가 많다. 큰일 났다, 목록을 짤 때 과학적인 부분까지 고려할걸…….

지난번과 마찬가지로 바보 같은 후회를 되풀이하며 완성한 《상상초월 포켓몬 과학 연구소 ③》이지만, 이런 식으로 책을 쓰는 것도 어쩌면 괜찮다는 생각이 든다. 개굴닌자의 물수리검, 메로엣타의 음악과 감정의 관계를 '과학적으로 불가능하지 않을까?' 의심하는 것은 고리타분한 사람이라는 증거다.

과학은 점점 진보해서 이제 불가능이란 없는 세상이다! 처음부터 '과학적으로 설명하기 쉬운 포켓몬만 다뤄야지' 같은 생각으로 접근하면 새로운 지식을 얻을 기회도 사라져 버린다.

진실은 가까이 다가가지 않으면 좀처럼 보이지 않는 법이다. 이 책을 쓰다 보면 과학의 기본자세를 다시금 깨닫게 된다. 〈상상초월 포켓몬 과학 연구소〉 시리즈는 나에게도 많은 것을 가르쳐 주는 소중한 책이다.

이번 《상상초월 포켓몬 과학 연구소 ③》의 가장 큰 특징은 '생물과 환경의 관계'가 주제라는 점이다. 잉어킹은 가장 약한 포켓몬인데 어째서 멸종하지 않았을까? 알로라지방의 레트라가 뚱뚱한 이유는 무엇일까? 지구 환경이 위태로운 요즘 이러한 문제들에 대해 생각해 보는 것도 매우 의미 있는 일이다.

과학이란 '자연은 어떻게 이루어져 있을까?' 뿐만 아니라 '그렇다면 인간은 어떻게 해야 할까?'까지 고민하는 학문이다. 포켓몬을 과학적으로 생각하면 그런 경험을 할 수 있다는 사실이 진심으로 기쁘다.

- 공상과학연구소 소장
  야나기타 리카오

차례

포켓몬으로 배우는 과학의 기본자세 ——————————— 2
이 책을 읽기 전에 ——————————— 10

- 시노비포켓몬 개굴닌자에게 물리를 배우자
  **물을 압축해 수리검을 날리는
  신출귀몰 개굴닌자!** ——————————— 12

- 강치포켓몬 누리공에게 화학을 배우자
  **누리공의 체액으로 만드는
  탱탱한 물풍선의 비밀** ——————————— 18

- 풀깃포켓몬 나몰빼미에게 생물을 배우자
  **날갯짓 소리 없이 날 수 있는
  나몰빼미는 정말 대단해!** ——————————— 24

- 불고양이포켓몬 냐오불에게 화학을 배우자
  ### 털 뭉치를 불덩어리로 만들어 던지는 냐오불의 위력은 어느 정도일까? — 30

- 물고기포켓몬 잉어킹과 흉악포켓몬 갸라도스에게 생물을 배우자
  ### 약한 잉어킹이 흉악한 갸라도스로! 진화가 너무 극단적인 것 아닐까? — 36

- 우뢰포켓몬 라이코에게 지구과학을 배우자
  ### 번개 같은 속도로 내려오는 라이코는 정말 빨라! — 44

- 올챙이포켓몬 강챙이에게 생물을 배우자
  ### 쉬지 않고 바다를 헤엄치는 강챙이. 지치지 않는 근육의 비밀은? — 50

- 두더지포켓몬 닥트리오에게 지구과학을 배우자
  ### 지하 100km까지 파 내려가는 닥트리오의 놀라운 능력! — 56

- 안광포켓몬 렌트라에게 물리를 배우자
  ### 벽 너머까지도 볼 수 있는 렌트라의 눈은 어떤 구조일까? — 62

- 박쥐포켓몬 크로뱃에게 생물을 배우자
  ### 날개가 네 개로 진화한 크로뱃에게는 어떤 이점이 있을까? —— 68

- 독가스포켓몬 또가스에게 화학을 배우자
  ### 몸 안에서 독가스가 폭발하는데도 또가스가 웃는 까닭은? —— 74

- 선율포켓몬 메로엣타에게 생물을 배우자
  ### 노래로 감정을 조종하는 일도 메로엣타라면 가능해! —— 80

- 번개포켓몬 쥬피썬더에게 물리를 배우자
  ### 몸속에 쌓인 전기를 이용해 온몸의 털을 날리는 쥬피썬더의 위력! —— 86

- 탈피포켓몬 곤율랭에게 생물을 배우자
  ### 탈피한 껍질을 입고 있는 곤율랭은 과연 몸을 보호할 수 있을까? —— 92

- 스팀포켓몬 볼케니온에게 물리를 배우자
  ### 수증기를 내뿜어 산을 날려 버리는 무서운 볼케니온! —— 98

- 쥐포켓몬 레트라에게 생물을 배우자
  ### 알로라지방의 레트라가 뚱뚱해진 이유는? —— 104

- 철뱀포켓몬 강철톤에게 지구과학을 배우자
  ### 깊은 땅속에 사는 강철톤은 뭘 먹을까? —— 112

- 얼굴포켓몬 얼음귀신에게 화학을 배우자
  ### 먹이를 순식간에 얼려 버리는 얼음귀신은 진정한 미식가! —— 118

- 튀다포켓몬 피그점프에게 생물을 배우자
  ### 점프를 그만두면 심장이 멈추는 피그점프는 힘들지 않을까? —— 124

- 킥포켓몬 시라소몬과 펀치포켓몬 홍수몬에게 물리를 배우자
  ### 킥복서 시라소몬과 복서 홍수몬. 둘이 싸우면 누가 이길까? —— 130

- 코브라포켓몬 아보크에게 생물을 배우자
  ### 배에 있는 무늬로 상대를 위협하는 아보크. 그 무늬는 얼마나 무서울까? —— 136

- 분사포켓몬 총어에게 물리를 배우자
  ### 100m 앞에서 움직이는 사냥감을 물줄기로 맞히는 명사수 총어! — 142

- 풀뱀포켓몬 주리비얀에게 생물을 배우자
  ### 햇빛을 쬐면 움직임이 빨라진다니……. 알고 보면 무서운 주리비얀 — 148

- 화산포켓몬 앤테이에게 지구과학을 배우자
  ### 앤테이가 울부짖으면 정말 화산이 분화할까? — 154

- 두손포켓몬 거북손손에게 생물을 배우자
  ### 두 마리가 바위를 들고 걷는 신기한 거북손손! — 160

- 자석포켓몬 레어코일에게 물리를 배우자
  ### 레어코일이 나타나면 왜 기계가 고장나고 온도가 올라갈까? — 166

- 오로라포켓몬 스이쿤에게 지구과학을 배우자
  ### 북풍의 화신 스이쿤이 오염된 물을 맑게 만드는 원리는? — 172

- 꼬마닭포켓몬 영치코에게 물리를 배우자
  ### 1초에 열 번 발차기를 하는 영치코의 놀라운 공격력! — 178

- 암흑포켓몬 다크라이에게 지구과학을 배우자
  ### 그믐달이 뜨는 밤에 악몽을 꾸게 만드는 다크라이 — 184

- 다크포켓몬 헬가에게 생물을 배우자
  ### 독소 섞인 불꽃을 내뿜는 헬가, 상대방의 운명은? — 190

- 부정하기포켓몬 다탱구에게 물리를 배우자
  ### 집을 날려 버리는 다탱구의 부채는 대체 어떤 바람을 일으킬까? — 196

- 백양포켓몬 레시라무와 흑음포켓몬 제크로무에게 지구과학을 배우자
  ### 레시라무와 제크로무, 제발 세상을 불태우지 말아 줘! — 202

이 책을 읽기 전에

이 책은 게임 안의 정보를 토대로 '포켓몬스터' 캐릭터의 특징이나 능력을 현실 과학과 비교하여 검증을 시도합니다. 검증 방법과 결과는 저자의 개인적인 의견이며, 포켓몬의 공식 설정이 아님을 밝혀 둡니다. 이 책에서 포켓몬이 등장하는 각각의 게임 소프트웨어 타이틀은 다음과 같이 생략하여 표기하였습니다.

포켓몬스터 블랙 2 포켓몬스터 화이트 2	▶▶	블랙 2 화이트 2 블랙 2 화이트 2
포켓몬스터 X 포켓몬스터 Y	▶▶	X Y X Y
포켓몬스터 오메가루비 포켓몬스터 알파사파이어	▶▶	오메가루비 알파사파이어 오메가루비 알파사파이어
포켓몬스터 썬 포켓몬스터 문	▶▶	썬 문 썬 문

또한 대표적인 도감 속 정보를 일러스트와 함께 하나씩 소개합니다. 본문 속 설명 인용문에서 게임명이 표시되어 있지 않은 경우는 도감에서 인용한 것입니다.

본문 속 도감 정보는 읽기 쉽도록 저자의 책임하에 문장부호를 추가하였습니다.

이 책은 필요에 따라 계산 결과를 반올림하였습니다(원칙적으로 숫자는 앞의 두 자리만 남기고 반올림합니다. 예를 들어 1,450m →1,500m로 계산하며, 0.0362g → 0.036g으로 계산합니다). 따라서 독자 여러분이 본문에 표시된 값과 방법을 사용해 계산해도, 반올림 방식이 달라서 계산 결과에 차이가 생길 수 있습니다. 절대 여러분의 실수가 아니므로 걱정하지 마시길.

참고도서

⟨포켓몬스터 블랙 2・화이트 2 공식가이드북 완전포켓몬 전국도감⟩
⟨포켓몬스터 X・Y 공식가이드북 완전칼로스도감 완성가이드⟩
⟨포켓몬스터 오메가루비・알파사파이어 공식가이드북 완전전국도감 완성가이드⟩
⟨포켓몬스터 썬・문 공식가이드북 하권 완전알로라도감⟩

시노비포켓몬 개굴닌자에게 물리를 배우자

물을 압축해 수리검을 날리는 신출귀몰 개굴닌자!

멋진 개굴닌자는 단연코 존재감 일등 포켓몬이다.

'개굴닌자'라는 이름에 걸맞게 온몸에 '닌자'의 분위기가 감돈다. 검푸른 색깔의 몸은 밤의 어둠 속에 녹아들고, 허리를 앞으로 비스듬히 숙인 자세는 언제 어떤 상황에서도 대처할 수 있는 전투태세다. 긴 혀조차 얼굴을 감추기 위한 목도리처

개굴닌자 시노비포켓몬　타입 물 악
● 키 1.5m
● 몸무게 40.0kg

▼ X

물을 압축시켜 수리검을 만들어 낸다. 고속으로 회전시키며 던지면 금속도 두 동강이 난다.

럼 보인다.

 포켓몬 도감에도 이런 설명이 있다. '닌자처럼 신출귀몰하다. 재빠른 움직임으로 상대를 농락하면서 물의 수리검으로 벤다.' Y 우와, 멋있어!

 해설에 등장하는 '물의 수리검'을 눈여겨보자. 닌자들이 실제로 사용했던 무기인 수리검은 불순물을 제거하여 단련한 '연철'이라는 재료로 만드는데, 물로 만든 수리검이라니? 들어 본 적도 없다. 어떻게 하면 물로 수리검을 만들 수 있지? 놀랍다고 생각하던 차에, 포켓몬 도감에서 그 방법을 발견했다.

 '물을 압축시켜 수리검을 만들어 낸다. 고속으로 회전시키며 던지면 금속도 두 동강이 난다.' X

 역시 그렇군. 만약 인간도 물을 압축해 수리검을 만들 수 있다면, 강이나 연못 등 어디에서나 재료를 구할 수 있고 물통에 담아 운반할 수도 있다. 적을 쓰러뜨린 뒤에도 물만 남으니까, 아무도 무기를 찾을 수 없겠지. 그야말로 닌자에게 안성맞춤인 무기다.

그러나 여기서 다시 한번 의심해 볼 필요가 있다.

물을 압축시켜 수리검을 만들 수 있을까? 그게 가능하다면 옛날의 닌자들은 왜 물수리검을 무기로 사용하지 않았을까?

◎ 물을 압축할 수 있을까?

'압축'이란, 물체를 강한 힘으로 눌러 부피를 줄이는 것이다. 주사기에 공기를 넣고 1cm²당 1kg의 힘을 가하면 부피가 반으로 줄어든다.

그렇다면 물을 압축할 수 있을까? 과학 시간에는 '공기에 압력을 가하면 부피가 줄어들지만, 물은 부피가 줄어들지 않는다'고 배운다. 그러나 이는 인간이 발휘할 수 있는 힘에 한해서다. 엄청난 압력을 가하면 물도 약간은 줄어든다. 예를 들어 주사기에 물을 넣고 1cm²당 230kg의 힘으로 누르면 1% 정도 부피가 줄어든다.

그러나 압축했다고 해서 물을 수리검 모양으로 만들 수는 없다. 압축하더라도 물은 여전히 액체 상태이기 때문에, 고속 회전하면 원심력으로 인해 산산이 흩어져 버리고 만다.

수리검 모양을 유지하려면 액체인 물을 고체로 만들어야 한다. 일반적으로 액체를 고체로 만들려면 '얼려야' 한다. 개굴닌자가 얼음으로 수리검을 만드는지는 확인할 수 없다. 하지만 물을 순식간에 얼리면 수리검 모양으로 만들 수도 있고, 던졌을 때 흩어지거나 물방울이 튀지도 않는다.

그러나 물은 아무리 압축해도 얼음이 되지 않는다. 그러기는커녕 얼음을 압축하면 물이 되어 버린다. 흠, 물을 압축해서 수리검을 만들기는 어렵겠군.

······30여 년 전에는 이렇게 허무한 결론을 내릴 수밖에 없었을 것이다. 그러나 과학은 나날이 발전해 1984년에 이미 물 $1cm^2$당 10t의 압력을 가하면 얼음이 된다는 사실을 실험으로 증명했다. 개굴닌자는 이 방법을 이용해 물로 수리검을 만드는 걸까?

문제는 엄청난 압력이 필요하다는 점이다. 포켓몬 게임 화면에서 개굴닌자가 물수리검을 던지는 장면을 확인해 보면, 수리검의 크기가 꽤 커서 지름이 30cm 정도나 된다. 물을 압축시켜 이만한 크기로 수리검을 만들 때 개굴닌자가 발휘해야 하는 힘은, 무려 2,300t이다! 2,300t은 아프리카코끼리 380마리의 무게와 같다. 개굴닌자가 물을 압축하는 힘으로 몸을 짓누른다면 상대방은 아프리카코끼리 380마리에게 짓밟히는 압력을 느낀다는 얘기다. 만약 개굴닌자에게 이 정도의 힘이 있다면 사실 **수리검도 필요 없을** 텐데······.

◉ 무엇이든 베어 버린다!

어쩐지 엄청난 이야기로 발전해 버렸는데, 개굴닌자에게 그만큼의 힘이 있다는 전제하에 수리검의 위력을 분석해 보자.

포켓몬 도감에는 '금속도 두 동강이 난다'는 무시무시한 설명이 있다. 과연 얼음으로 만든 수리검으로 금속을 벨 수 있을까? 금속에 부딪히면 얼음이 부서지지 않을까?

　상대가 물을 압축시켜 수리검을 만드는 개굴닌자인 만큼 꼼꼼히 따져 보자. 물수리검의 무게가 230g이고, 개굴닌자가 2,300t의 힘으로 수리검을 던지면…… 수리검이 날아가는 속도는 21M(마하)! 이런, 소총 총알보다 일곱 배나 빠르잖아?

　현실 세계에는 '워터젯'이라는 기계가 있다. 워터젯은 금속이나 암석 가루를 섞은 물을 작은 구멍 사이로 내뿜어 지구상에서 가장 단단한 다이아몬드까지도 자른다. 하지만 워터젯의 속도조차 1.5M에 불과하다. 개굴닌자의 물수리검은 워터젯보다 열네 배나 빠르니까, 그 속도라면 이 세상에 존재하는 모든 것을 베어 버릴 수 있다. 뭐든지 명중하면 싹둑 잘라 버리는 물수리검!

　그러다 보니 개굴닌자는 말끔한 겉모습과는 달리 놀라운 괴력의 소유자라는 결론이 나 버렸다. 의외이기도 한 데다가 개굴닌자의 팬들이 화낼 것 같아서 조금 조마조마하기도 하다.

　그래도 실제 닌자가 왜 얼음으로 만든 수리검을 사용하지 않았는지는 충분히 이해가 간다.

> 강치포켓몬 누리공에게 화학을 배우자

누리공의 체액으로 만드는 탱탱한 물풍선의 비밀

독자 여러분! 우리 모두 누리공을 본받아야겠다. 포켓몬 도감에 따르면 누리공은 '노력하는 성질로 유명하다. 체액을 코로 부풀린 풍선을 적에게 부딪힌다.' 썬 노력하는 성질로 유명하다니, 노력하지 않기로 유명한 나와는 정반대인걸. 게다가 '물로 된 풍선을 조종한다. 커다란 풍선을 만들기 위해 꾸준히

누리공 강치포켓몬　타입 물
- 키 0.4m
- 몸무게 7.5kg

▼ 문
물로 된 풍선을 조종한다. 커다란 풍선을 만들기 위해 꾸준히 연습을 반복한다.

연습을 반복한다'문고 하니, 이 또한 착실한 노력과는 거리가 먼 나와 정반대다.

이때 과학적으로 생각해 볼 점은 누리공이 만드는 물풍선이다. '체액을 코로 부풀린 풍선'을 상대에게 부딪히는 게 공격이 될까?

그러나 공식 사이트에 '육상에서도 벌룬의 탄력을 사용해서 점프하고 아크로바틱한 움직임도 가능하다'는 설명도 있으니 누리공의 물풍선은 매우 단단할 것 같다!

여기에 한 가지 더 작은 의문점이 생긴다. 코로 체액을 부풀리는 것만으로 단단하고 탱탱한 풍선을 만들 수 있을까?

◎ 비눗방울이 부푸는 이유

현실 세계에는 누리공의 풍선과 비슷한 예로 비눗방울이 있다. 단단함은 비교가 되지 않지만, 숨을 불어넣어 부풀린다는 점에서는 같다.

비눗방울은 어떻게 부푸는 걸까? 비눗방울의 재료인 비눗물은 물에 비누나 주방 세제를 섞어서 만든다. 여기에 다림질풀, 설탕, 꿀 등을 섞어 주면 비눗방울이 잘 터지지 않는다. 이렇게 만든 비눗물을 빨대에 묻혀 숨을 불어넣으면 동그랗게 부푸는데, 이는 물의 '표면장력' 때문이다.

'표면장력'이란 액체가 주변의 액체나 그릇, 컵 등과 서로 잡아당기는 힘을 말한다. 컵 가장자리 끝까지 물을 채운 뒤, 물을 조금씩 더 따르면 물은 컵 가장자리보다 높이 올라가지만, 어느 정도까지는 넘치지 않는다. 10원짜리 동전이 물에 뜨거나 소금쟁이 같은 곤충이 물 위를 걸을 수 있는 것도 같은 원리다. 표면장력은 수면의 물이 주변의 물이나 컵 가장자리를 끌어당기기 때문에 생긴다.

그렇다면 비눗방울이 커다랗게 부푸는 것은 비누나 세제가 표면장력을 강하게 만들기 때문일까?

사실은 놀랍게도 그 반대다. 비누나 주방 세제 등 계면활성제는 물의 표면장력을 약하게 만든다. 물은 표면장력이 강해 한 덩어리로 뭉쳐 있으려고 한다. 그러나 물에 비누나 주방 세제를 섞으면 표면장력이 약해져 숨을 불어넣는 정도의 힘만으로도 얇은 막이 되어 퍼진다.

간단한 실험으로 확인해 보자. 접시에 물을 넓게 따르고 10원짜리 동전을 그 위에 수평으로 살짝 얹으면 물 위에 뜬다. 물의 표면장력이 동전의 무게를 지탱하기 때문이다. 이 물에 세제를 한 방울 떨어뜨리면 동전이 가라앉는다. 세제 때문에 표면장력이 약해져 동전의 무게를 지탱할 수 없기 때문이다.

그러니까 과학적으로 따져 보면, 누리공의 체액에는 물의 표면장력을 약하게 만드는 물질이 포함되어 있을 가능성이 크다.

◉ 터지면 위험해!

누리공의 풍선은 매우 탱탱하다. 풍선에 올라탄 누리공이 그 탄력을 이용해 더 높이 점프할 수 있을 정도니까 말이다. 표면장력을 약하게 만들면 비눗방울처럼 풍선이 금방 터져 버릴 테니 누리공의 체액에는 단단함과 탄력을 보충하는 물질이 포함되어 있을 가능성도 크다.

좀 더 구체적으로 살펴보자. 포켓몬 공식 사이트를 보면 누리공은 자신의 키와 지름이 비슷한 풍선에 올라타 점프를 하는데, 자기 키의 1.8배나 튀어 오른다. 누리공의 키는 0.4m(=40cm)니까 점프 높이를 계산하면 72cm다.

누리공이 올라탄 풍선은 가장 짓눌렸을 때의 높이가 17cm까지 낮아진다. 이 상태로 7.5kg인 누리공이 72cm 높이까지 튀어 오르려면 풍선은 44kg의 힘을 견뎌야 한다. 초등학교 5학년 학생의 평균 몸무게가 대략 42kg이니 누리공의 풍선은 초등학생이 올라타도 터지지 않을 만큼 단단한 셈이다!

공식 사이트에도 '배틀에서 그 풍선을 사용한 다양한 전술을 펼친다'며, 누리공의 코 위에 떠 있는 풍선에 나몰빼미를 가둬 둔 그림이 실려 있다. 44kg의 힘을 견디는 풍선이니 몸무게 1.5kg인 나몰빼미를 가두는 정도야 간단하겠지.

그러나 풍선이 단단할수록 다른 걱정도 샘솟는다. 만약 누리공의 풍선이 터지면?

실제로 커다란 풍선이 터지면, 그 소리로 인해 기절하거나 풍선이 터지면서 일어나는 바람에 날아가는 사람도 있다. 44kg의 힘을 견디는 지름 40cm의 풍선이 터지면 어떻게 될까?

계산해 보면 무려 반경 9m 이내에 있는 사람들이 기절한다는 결과가 나온다! 교실 안에 있는 학생들이 모두 기절하는 셈이다. 그렇다면 풍선에 맞은 상대 포켓몬도 아마 기절하겠지. 어쩌면 누리공 자신도 위험할지 모른다…….

게다가 포켓몬 도감에는 이런 무서운 설명도 있다.

'커다란 풍선을 만들기 위해 꾸준히 연습을 반복한다.' 문 그렇다면 누리공의 풍선은 점점 그 위력이 강해질 것이다!

 알고 보면 무서운 누리공의 최대 무기는 뭐니 뭐니 해도 노력가라는 점이다. 모두들 누리공을 본받아야 한다. 아니, 일단 나부터 본받아야겠다.

풀깃포켓몬 나몰빼미에게 생물을 배우자

날갯짓 소리 없이 날 수 있는 나몰빼미는 정말 대단해!

나몰빼미는 자그맣다. 키가 0.3m, 몸무게 1.5kg밖에 나가지 않는 작은 몸집으로 어떻게 격렬한 포켓몬 배틀을 견뎌 낼 수 있을까…… 걱정이 되기도 하지만, 나몰빼미를 무시하다가는 큰코다친다.

포켓몬 도감에 따르면 나몰빼미는 소리를 내지 않고 날아서 상대에게 접근할 수 있다.

나몰빼미 풀깃포켓몬 타입 풀 비행
● 키 0.3m
● 몸무게 1.5kg

▼ 문

전혀 소리를 내지 않고 활공하여 적에게 빠르게 접근한다. 눈치채기 전에 강력한 발차기를 퍼붓는다.

 게다가 공식 사이트에 '나몰빼미의 목은 180° 가까이 회전한다. 배틀 중이라도 포켓몬 트레이너 지시를 목을 돌려서 기다리고 있다', '밤이라도 낮과 동일하게 사물을 볼 수 있다. 야간 배틀에는 압도적으로 유리하다'는 해설이 실려 있다.

 다른 포켓몬 입장에서는 무서운 얘기다. 소리도 없이 다가오는 상대를 막을 방법은 없다. 그렇다고 '공격은 최대의 방어'라며 몰래 접근하려고 해도 나몰빼미가 갑자기 목을 180° 돌리면 들켜버리고 만다. 게다가 야간 배틀에서 도저히 이길 방법이 없다.

 함부로 방심할 수 없는 나몰빼미의 능력에 대해 과학적으로 살펴보자.

◉ 올빼미는 놀라운 동물

 나몰빼미의 많은 특징 가운데 가장 위협적인 것은 소리를 내지 않고 날 수 있다는 사실이다. 어떻게 이럴 수 있지?

애당초 소리를 내지 않고 나는 것이 가능할까? 물론이다. 현실 세계에도 날갯짓 소리를 내지 않고 나는 새가 있다. 바로 올빼미다. 올빼미가 소리 없이 날 수 있는 데는 몇 가지 이유가 있다.

일단 올빼미는 사냥감에게 접근할 때 거의 날갯짓을 하지 않고 글라이더처럼 활공한다. 날개에 부드럽고 가느다란 털이 많이 나 있어서 다른 새와 달리 깃털끼리 서로 부딪칠 때 파닥파닥 소리가 나지 않는다. 게다가 칼깃 앞부분이 빗살처럼 되어 있어 공기의 흐름을 거스르지도 않는다. 고속 열차에도 공기 저항을 줄이기 위해 오돌토돌한 덮개로 중요한 집전장치를 보호하는 기종이 있는데, 이는 올빼미의 깃털을 본떠 만든 것이라고 한다.

이러한 신체 구조 덕분에 올빼미는 소리 없이 들쥐 같은 사냥감에 접근해 튼튼한 발로 휙 낚아채서 한입에 삼킨다. 나몰빼미의 날개가 올빼미와 비슷한 구조라면 소리 없이 다가가 강력한 킥을 날리는 것도 충분히 가능한 일이다. 당하는 입장에서는 아닌 밤중에 홍두깨다 싶겠지만.

그럼, 고개가 180° 회전하는 건 어떨까?

올빼미도 나몰빼미처럼 몸을 움직이지 않고 고개만 돌려 뒤를 볼 수 있다. 인간과 같은 포유류는 목뼈가 일곱 개지만, 올빼미의 목뼈는 열네 개나 된다. 뼈 하나하나의 회전 각도는 작더라도 목뼈의 개수가 많아서 목이 많이 돌아갈 수 있다.

이 능력은 시력과도 관계가 있다. 올빼미는 어두운 곳에서도 잘 볼 수 있도록 눈이 크다. 그러나 눈이 너무 큰 탓에 인간처럼 눈알을 움직일 수가 없다. 그렇다고 해서 보는 방향을 바꿀 때마다 몸을 틀면 소리가 나서 사냥감에게 들켜 버린다. 그래서 조용히 목만 움직일 수 있게 진화한 것이다.

그리고 목을 돌리는 능력은 청력과도 관계가 있다. 올빼미는 왼쪽 귀가 오른쪽 귀보다 크고, 오른쪽 귀는 눈보다 조금 높은 곳에, 왼쪽 귀는 눈보다 낮은 곳에 위치해 있다. 이로 인해 고개 방향을 바꾸면 주변의 소리를 다양하게 들을 수 있고, 이 소리를 단서로 사냥감의 위치를 정확하게 파악할 수 있다.

즉, 올빼미는 목이 180° 돌아가는 능력을 이용해 자신에 대한 정보는 전혀 알리지 않고 적의 정보만을 일방적으로 모을 수 있다. 참으로 놀라운 동물이다.

그렇다면 올빼미와 비슷한 나몰빼미 역시 시력뿐만 아니라 청력까지 좋을지도 모른다.

◉ 나몰빼미의 놀라운 시력

나몰빼미의 시력은 전혀 평범하지 않다. 앞서 소개한 것처럼 '밤

이라도 낮과 동일하게 사물을 볼 수 있다'고 하니까 말이다.

올빼미의 시력은 인간보다 100배쯤 좋다고 한다. '보름달이 뜬 밤'의 밝기는 별이 보이지 않는 '어두운 밤'보다 30배 정도 밝으니까, 올빼미는 캄캄한 밤에도 보름달 밤에 인간이 보는 것보다 세 배나 밝게 볼 수 있다. 정말 놀라운 야간 시력이다.

나몰빼미의 시력은 올빼미를 훨씬 능가한다. '밤이라도 낮과 동일하게'라고 별거 아닌 것처럼 쓰여 있지만, 사실 대낮의 밝기는 어두운 밤보다 1,400만 배나 밝다! 인간의 눈으로는 그 정도까지 차이를 느낄 수 없지만 실제 빛의 밝기를 비교해 보면 어마어마한 차이가 난다. 그렇다면 나몰빼미의 시력은 인간보다 1,400만 배나 좋다는 얘기다!

앞서 소개한 능력만으로도 충분히 놀라운데, 공식 사이트에는 이런 설명도 나온다. '날개 소리를 내지 않고 하늘을 날 수 있다. 상대가 눈치채지 않게 다가가 강력한 발차기를 반복하거나 커터 날 같은 날카로운 잎과 일체가 된 깃털을 날려 멀리서도 공격할 수 있다.'

헉, 원거리 공격도 근거리 공격도 도저히 막을 수가 없네. 나몰빼미의 표적이 되는 순간 모든 게 끝이다. 이 정도로 강력한 나몰빼미의 공격을 막으려면 어떻게 해야 할까?

음…… 나몰빼미와 친해지는 수밖에 없지 않을까?

불고양이포켓몬 냐오불에게 화학을 배우자

털 뭉치를 불덩어리로 만들어 던지는 냐오불의 위력은 어느 정도일까?

고양이를 키우는 사람이라면 잘 알고 있겠지만 고양이는 가끔 털 뭉치(헤어볼)를 토해 낼 때가 있다. 괴로워 보이기는 하지만 고양이의 건강을 위해서는 반드시 필요한 일이다.

불고양이포켓몬 냐오불도 털 뭉치를 토한다. 역시 건강을 위해서일 거라고 생각했는데, 공식 사이트에서 다음과 같은

냐오불 불고양이포켓몬 타입 불꽃
- 키 0.4m
- 몸무게 4.3kg

▼ 썬

혀로 털을 정리하면서 배에 쌓인 빠진 털을 태워서 불을 뿜는다. 털을 뱉어 내는 방법에 따라 불꽃도 변한다.

설명을 발견했다. '냐오불은 항상 몸 전체를 혀로 핥으며 털 관리를 하고 있다. 털 관리로 빠진 털을 모으고 있다', '털 관리로 체내에 만든 털 뭉치를 화구로 만들어서 공격할 수 있다'.

냐오불은 공격을 위해 털뭉치를 토했던 거였군! 어쩐지 현실 세계의 고양이와는 다를 것 같더라니. 그러나저러나 화구(불덩어리)라고는 해도 결국 털 뭉치일 뿐인데, 과연 얼마나 위력이 있을까?

◉ 고양이가 털 관리를 하는 이유

현실 세계의 고양이는 왜 털 뭉치를 토할까?

고양이는 몸을 핥거나 침을 묻힌 앞발로 얼굴이나 머리를 문지른다. 이런 행동을 '털 관리(그루밍)'라고 부르는데, 그 효과는 다음과 같다.

① 몸을 깨끗하게 닦는다.
② 마음을 진정시킨다.

③ 겨울에는 털 사이로 공기가 들어가 체온을 유지한다.
④ 여름에는 침이 증발하면서 열을 빼앗아 체온을 낮춘다.
⑤ 깨끗하게 만든 털 표면에 햇빛을 쐬어 비타민 D를 섭취한다.

대단하다, 꽤 여러 가지 효과가 있었군.

그러나 털 관리 때문에 곤란을 겪는 경우도 있다. 고양이가 털 관리를 하면서 삼킨 털이 위 속에서 서로 엉켜 털 뭉치가 되기 때문이다.

배 속에 든 털 뭉치는 토해 내거나 똥과 함께 내보내는데, 그것도 불가능할 정도로 털 뭉치가 커지면 '모구증'이라는 병에 걸리게 된다. 다시 말해 털 관리는 고양이에게 도움이 되기도 하지만 때로는 배 속에서 털이 뭉쳐 고생하기도 한다. 고양이로 사는 것도 참 힘든 일이다.

◉ 불덩어리가 일직선으로 날아가면?

냐오불은 털 뭉치를 화구라는 공격 수단으로 삼았으니, 현실 세계의 고양이들 눈에는 꽤나 부러울지도 모른다.

흥미로운 점은 털 뭉치 화구의 위력이다. '털 뭉치를 태우는 정도니까 위력도 별거 아니겠지'라고 가볍게 생각할 수도 있겠지만 결코 그렇지 않다. 현실 세계의 동물 털은 '케라틴'이라는 단백질로 이루어져 있는데, 단백질이 탈 때는 같은 무게의 폭약보다 네 배나 큰 열에너지가 발생하기 때문이다!

게다가 공식 사이트에 한층 더 무서운 설명이 실려 있다. '냐오불의 털은 유분을 포함하고 있어 불에 잘 탄다. 털갈이하는 시기에는 오래된 털을 한 번에 태워 버린다'.

기름이 연소할 때 발생하는 열에너지는 폭약의 아홉 배나 된다! 단백질이나 기름은 연소할 때 폭약보다 더 많은 열에너지를 발생시킨다. 뜻밖이겠지만 사실이다. 어떤 물질이 연소하려면 '타는 물질'과 '산소'가 꼭 필요한데, 폭약에는 짧은 시간 동안 연소시키기 위해 산소가 많이, 탄소와 수소처럼 '타는 물질'은 적게 포함되어 있다.

이에 비해 단백질이나 기름은 공기 속의 산소를 이용해 연소한다. 공기 중에는 산소가 적고 탄소나 수소가 많이 포함돼 폭약보다 천천히 연소하지만, 방출하는 열에너지는 그보다 훨씬 크다.

예를 들어 냐오불의 털이 케라틴으로 이루어져 있고 기름을 10% 포함하고 있다고 가정하면, 화구가 방출하는 열에너지는 같은 무게의 폭약보다 다섯 배나 크다.

그렇다면 화구의 실제 위력은 어느 정도일까?

계산해 보려면 털 뭉치의 무게를 알아야 하는데, 포켓몬 도감에는 정확한 정보가 없었다. 그 대신 공식 사이트에서 냐오불이 화구를 뿜어내는 '불꽃세례' 기술 동영상을 보니, 화구의 지름은 5cm 정도였다. 그런데 …… 오옷! 화구가 5m 정도 떨어진 나몰빼미를 향해 일직선으로 날아간다!

이렇게 놀라울 수가! 시험 삼아 휴지를 뭉쳐 힘껏 던져 보자. 현

실 세계에서 뭉친 휴지를 5m나 던질 수 있는 사람이 과연 있을까? 털 뭉치나 휴지처럼 가벼우면서 부피가 큰 물체는 아무리 빨리 던져도 공기의 방해를 받아 속도가 금방 줄어든다.

그런데 냐오불의 화구는 속도가 전혀 느려지지 않고 일직선으로 쭉 날아간다. 화구의 무게가 꽤 나간다는 뜻이다.

프로 야구에서 사용하는 경식 야구공(지름 7.3cm, 무게 145g)과 비교했을 때, 지름이 5cm 정도인 냐오불의 화구의 무게는 47g쯤 된다. 그렇다면 냐오불의 화구는 폭약 230g에 해당하는 위력을 지닌 셈인데, 이것은 20℃의 물 2.9L를 끓일 수 있는 에너지 양이다!

게다가 냐오불은 털갈이 시기에 오래된 털을 한 번에 태워 버린다고 한다. 도대체 얼마나 무서운 공격이 될지…….

털 뭉치로 공격하는 냐오불. '귀엽다'고 생각하겠지만 과학적으로 따져 보면 상당히 강력한 포켓몬이다. 방심은 절대 금물이다.

물고기포켓몬 잉어킹과 흉악포켓몬 갸라도스에게 생물을 배우자

약한 잉어킹이 흉악한 갸라도스로! 진화가 너무 극단적인 것 아닐까?

어휴, 깜짝 놀랐네. 포켓몬 도감에서는 잉어킹을 다음과 같이 설명한다.

'힘도 스피드도 거의 없다. 세상에서 가장 약하고 한심한 포켓몬이다.' x

힘도 없고, 스피드도 없다고? 게다가 세상에서 가장 약하고 한심한 포켓몬이라니? 그렇게까지 딱 잘라 말할 것

까지야……. 너무 솔직한 거 아닌가.

하지만 잉어킹의 매력을 노래한 〈I LOVE 잉어킹〉이라는 곡도 있을 만큼 생각 외로 잉어킹은 인기가 높다! 역시 포켓몬 세계는 심오하다니까.

시작부터가 놀라움의 연속인데 더더욱 놀라운 얘기는 지금부터다. 가장 약한 포켓몬인 잉어킹이 진화하면 갸라도스가 되는데, 갸라도스에 대해서는 포켓몬 도감에 다음과 같이 설명되어 있다. '거의 모습을 드러내지 않지만 한번 날뛰면 커다란 도시가 괴멸하는 경우도 있다.' ▼

커다란 도시가 괴멸한다니? 군대 수준의 공격력을 지녔다는 얘긴가? 가장 약한 잉어킹이 진화하자마자 엄청나게 강한 포켓몬이 된다니, 왠지 대단하다. 이렇게까지 극적인 진화를 경험하는 포켓몬도 드물지 않을까? 벌써부터 흥미진진하다.

◉ 약하다는 정보 외에는 베일에 싸인 잉어킹

세상에서 가장 약한 잉어킹이 흉악한 갸라도스로 변신!

잉어킹의 진화를 보고 떠오르는 것은 '등용문'이라는 단어다. 등용문은 '통과하면 출세와 성공이 보장된 관문'이라는 뜻으로, 보통 '오디션 프로그램은 가수의 등용문' 같은 표현으로 사용된다. 이

잉어킹 물고기포켓몬　타입 물
●키 0.9m
●몸무게 10.0kg

힘도 스피드도 거의 없다. 세상에서 가장 약하고 한심한 포켓몬이다.

　단어는 '황허 강의 용문이라는 급류를 거슬러 오른 잉어는 용이 된다'는 중국의 전설에서 유래했다고 한다.

　물론 현실 세계에서는 잉어가 용으로 변하는 일이 없지만, 포켓몬 세계에서는 진짜 그런 일이 일어나기도 한다니 무시무시하다.

　진화하기 전의 잉어킹에 대해 '약하다'는 것 말고는 다른 정보가 없을까? 포켓몬 도감을 조사해 보니 '아주 먼 옛날에는 좀 더 강했던 것 같다. 그러나 지금은 안쓰러울 정도로 약하다' Y 고 나와 있다. 흠, 아주 먼 옛날에는 '좀 더 강했던' 걸까? 그래 봤자 지금보다 아주 조금 강했을 뿐이겠지만…….

　공식 도감에는 이런 설명도 있다. '튀어 오르기만 하는 한심한 포켓몬이다. 왜 튀어 오르는지 조사한 연구자가 있을 정도로 무조건 튀고 튀고 튀어 오르기만 한다.' 오메가루비 이런, 잉어킹은 튀어 오르는 것밖에 못 하는 걸까? 참 이상한 포켓몬이다.

　물론 현실 세계의 물고기도 튀어 오른다. 예를 들어, 맑은 물에

갸라도스 흉악포켓몬 타입 물 비행
▼ Y
● 키 6.5m
● 몸무게 235.0kg

거의 모습을 드러내지 않지만 한번 날뛰면 커다란 도시가 괴멸하는 경우도 있다.

서 살며 힘차게 헤엄치기로 유명한 산천어는 수면이나 공중의 벌레를 잡아먹기 위해 물 위로 튀어 오른다. 잉어는 물속에서 뭔가에 놀랐을 때나 몸에 생긴 기생충 때문에 기분이 나쁠 때 물 위로 튀어 오른다고 하는데, 이런 사실들로 미루어 보아 잉어킹이 튀어 오르는 이유도 늘 뭔가에 놀라고 있기 때문일까……?

⊙ 잉어킹의 놀라운 생명력

잉어킹에 대해 조사하다가 뜻밖의 설명을 발견했다.

'튀어 오르기만으로는 만족스럽게 싸울 수 없어서 약하다고 여겨지고 있지만 아무리 더러워진 물에서라도 살 수 있는 끈질긴 포켓몬이다.' 알파사파이어 오염된 물에서도 살 수 있다니! 의외로 중요한 정보다. 열악한 환경에 적응해 살아갈 수 있다는 것은 '강한 생물'이라는 뜻이니까.

현실 세계에서 먹이 사슬의 맨 꼭대기에 있는 사자와 호랑이, 지구에서 가장 몸집이 커서 웬만해서는 공격을 당하지 않는 흰긴수염고래도 인간이 일으킨 환경 오염 때문에 개체수가 줄어들었다. 한편, 2억 년 전에 나타난 바퀴벌레는 약 6,500만 년 전 공룡이 멸종한 '대멸종'에도 살아남아 지금까지 전 세계에 서식하고 있으니, 참으로 강한 생물이다. 바퀴벌레와 비교당한 잉어킹은 불쾌하겠지만, 그 생명력은 자랑스러워할 만하다.

깜짝 놀랄 만한 해설은 그뿐만이 아니다. '오래 산 잉어킹은 튀어 오르기로 산도 넘을 수 있지만 기술의 위력은 여전히 약하다.'

블랙 2 화이트 2

우와, 아무리 위력이 약하다고는 해도 물에서 튀어 올라 산을 넘다니 대단한 기술인데? 예를 들어, 높이가 1,000m인 산을 잉어킹이 점프 한 번에 1m씩 오른다고 치면 점프를 연속으로 1,000번이나 하는 셈이다! 어찌 보면 대단한 기술인데 어째서 위력은 여전히 약할까?

☻ 모습을 드러내지 않는 갸라도스

잉어킹이 진화한 갸라도스는 어떤 포켓몬일까? 키가 6.5m니까 0.9m인 잉어킹에 비하면 일곱 배 이상 크다! 몸무게는 235kg으로 스무 배 이상 무거워졌다. 커진 것은 몸집뿐만이 아니다.

'한 번 날뛰기 시작하면 모든 것을 불태워야 난폭한 피가 가라앉는다. 한 달간을 날뛴 기록이 남아 있다.' `알파사파이어`

갸라도스는 크고 강력해졌을 뿐만 아니라 포악해지기까지 했다. 튀어 오르기만 하던 잉어킹과 비교하면 너무나도 달라져 버렸다. 왜 이렇게 변한 걸까?

'잉어킹에서 갸라도스로 진화할 때 뇌세포의 구조가 재구성되기 때문에 성격이 난폭해진다고 전해진다.' `오메가루비` 오오, 이유가 자세히 적혀 있다. 그런데 뇌세포의 구조가 재구성되었다니!

현실 세계에서 평생 동안 크게 모습을 바꾸는 생물로는 번데기 단계를 거치는 곤충을 들 수 있다. 유충이 맡은 임무는 먹이를 섭취하여 몸을 크게 만드는 것이다. 그래서 잎사귀 위에서 이동할 수 있도록 발과 소화기관만 있으면 된다. 그에 비해 성충의 역할은 짝을 만나 알을 낳는 것이라서 넓은 장소를 날아다닐 날개와 눈에 띄는 겉모습, 그리고 울음소리가 필요하다. 새롭게 주어진 역할에 맞춰 몸의 구조를 바꾸기 위해 번데기가 된 곤충들은 우선 몸의 내부를 흐물흐물하게 녹여 완전히 다른 몸으로 탈바꿈한다.

그러나 이런 극적인 변화 속에서도 신경의 일부는 바뀌지 않는다. 뇌는 신경의 집합체이므로 뇌세포의 구조까지 재구성하는 잉어킹은 굉장히 역동적인 진화를 이뤄 낸 셈이다.

 이쯤에서 또 한 가지 궁금해서 견딜 수 없는 점은, 갸라도스에 대한 포켓몬 도감의 설명이다. '거의 모습을 드러내지 않지만 한번 날뛰면 커다란 도시가 괴멸하는 경우도 있다.' Y

 이렇게 강한 갸라도스가 좀처럼 모습을 드러내지 않는다니? 잉어킹은 강한 생명력으로 아무 데나 서식하며 흔하게 볼 수 있는데, 어째서 갸라도스로 진화하면 희귀해지는 것일까?

어디까지나 추측일 뿐이지만, 가능성은 크게 두 가지로 나뉜다.

첫째, 잉어킹이 갸라도스로 진화할 가능성이 낮다는 것이다. 예를 들어 현실 세계의 장수풍뎅이 암컷은 일생 동안 100개 정도의 알을 낳지만, 유충 → 번데기 → 성충의 과정을 거치면서 점점 그 숫자가 줄어들어 무사히 성충이 되는 장수풍뎅이는 두 마리 정도에 불과하다. 갸라도스도 뇌세포의 구조가 재구성되면서 잉어킹이 가졌던 환경 적응력이 사라져 버린 건지도 모른다.

또 하나는 갸라도스로 진화한 뒤 수명이 짧아졌을 가능성이다.

'한 달간을 날뛴 기록이 남아 있다'고 하니, 그렇게 마구 힘을 쓰다가는 오래 살기 어려운 게 당연해 보이지만 그 뿐만은 아니다.

현실 세계의 반딧불이는 유충 상태로 10개월을 산다. 그에 비해 번데기 단계를 거쳐 성충이 된 반딧불이의 평균 수명은 수컷이 6일, 암컷이 12일 정도다. 알을 낳는 임무를 완수하면 곤충의 성충은 삶을 마감하기 때문이다. 만약 갸라도스도 수명이 짧아졌다면 발견 기회가 적어지는 건 당연하다.

'약하다 약하다' 해도 열악한 환경에서 꿋꿋이 살아가는 잉어킹과 흉악하지만 좀처럼 모습을 드러내지 않는 갸라도스. 생물의 '강함'에 대해 곰곰이 생각하게 되는 진화의 형태다.

우뢰포켓몬 라이코에게 지구과학을 배우자

번개 같은 속도로 내려오는 라이코는 정말 빨라!

지진, 번개, 화재는 옛날부터 가장 무서운 것들로 꼽아 왔던 것이다. 이 세 가지 자연재해는 인류가 살아가는 한 계속 위협적인 존재일 것이다.

번개는 그 전압과 에너지가 무시무시하다. 번개는 쌘비구름에 쌓인 음전하(-전기)가 땅으로 한꺼번에 흐르는 현상으로, 그 전압은 무려 1억V(볼트)

라이코 우뢰포켓몬   타입 전기
▼ 오메가루비 · 알파사파이어
• 키 1.9m
• 몸무게 178.0kg

번개의 스피드가 깃들어 있는 포켓몬이다. 그 울음소리는 번개가 내리쳤을 때처럼 공기를 떨리게 하며 대지를 흔든다.

나 된다. 이때 방출되는 에너지는 평균적으로 폭약 240kg을 한 번에 터뜨리는 양이라고 한다. 번개를 맞으면 거대한 나무가 쪼개지고 심지어는 목숨을 잃기도 한다.

우뢰포켓몬 라이코는 그런 무서운 번개의 힘을 지닌 포켓몬이다. 포켓몬 도감에는 '번개와 함께 떨어졌다고 전해진다. 등의 비구름에서 번개를 뿜어낼 수 있다' 블랙2 화이트2 , '번개의 스피드가 깃들어 있는 포켓몬이다. 그 울음소리는 번개가 내리쳤을 때처럼 공기를 떨리게 하며 대지를 흔든다' 오메가루비 알파사파이어 등등 무서운 사실이 가득하다.

그중 '번개의 스피드가 깃들어 있는 포켓몬'이라는 설명이 눈길을 끈다. '번개와 함께 떨어졌다'는 내용으로 미루어 짐작할 때, 라이코는 번개처럼 빠른 속도로 하늘에서 내려오는 걸까?

그렇다면 정말로 무서운 포켓몬이다. 번개의 전압과 에너지가 얼마나 굉장한지 조금 전에도 설명했지만, 번개의 속도 역시 어마어마하기 때문이다. 막대한 에너지가 맹렬한 속도로 덤벼드니 인간은 대처할 도리가 없을 수밖에. 그렇다면 라이코가 번개와 같은 속도로 움직인다는 가정하에 그 위력을 살펴보자.

◉ 빨라도 너무 빨라!

번개의 속도는 어느 정도일까?

공기는 보통 전기를 통과시키지 않는다. 하지만 쎈비구름(적란운)과 땅 사이의 전압이 한계치를 넘으면, 쎈비구름에서 땅으로 음전하가 '빠직' 하고 흐른다. 단숨에 땅까지 도달하는 것은 아니고 50m쯤 흐르다가 잠깐 멈춘 뒤, 조금이라도 전기가 흐르기 쉬운 방향으로 다시 50m쯤 흐른다. 이 같은 과정을 반복해 음전하는 지그재그로 꺾이며 움직인다. 이때의 속도는 초속 150~200km라고 한다. 음속의 단위로 표시하면 440~590M(마하)다.

놀라운 숫자지만, 이것이 번개의 진짜 속도는 아니다. 이때 흐르는 전류는 약해서 빛도 소리도 나지 않는다. 사실 우리 눈에 보이는 번개는 지금부터다.

앞서 설명한 것처럼, 전기가 통과하는 길이 생기면 쎈비구름과 땅 사이의 공기는 전기가 흐르기 쉬운 상태로 변한다. 그 지그재그 길을 따라 한 번에 눈부신 빛과 굉음을 동반한 대전류, 즉 진짜 번개가 흐르는 것이다.

번개는 빛보다 세 배 느리지만, 초속 10만km = 294,000M이므로 엄청난 속도이긴 하다. '앗, 번개다. 위험해' 같은 말을 할 틈도 없거니와 0.4초 만에 지구를 한 바퀴 돌고, 너무 빨라서 눈에 보이지도 않는다. 우리가 번개를 볼 수 있는 것은 번개가 지나간 길을 따라 공기가 조금 더 오랫동안 빛나기 때문이다.

설명만으로도 벌써 심장이 조마조마하다. 그러나 앞서 라이코가 번개의 속도로 움직인다는 가정하에 그 위력을 살펴보기로 한 약속을 지킬 수밖에 없다. 라이코는 대체 얼마나 무시무시할까……, 걱정이 많다.

◉ 지구를 뚫고 우주로

번개는 놀라울 정도로 빠르게 떨어진다. 라이코가 번개와 같은 속도로 하늘에서 내려온다면 어떤 일이 벌어질까?

번개의 전기는 땅에 퍼져 사라지지만 라이코는 그렇지 않다. 몸무게가 178kg이나 나가는 라이코가 땅을 향해 294,000M의 속도로 돌진하면, 그 에너지는 8억 6,000만t 분량의 폭약을 터뜨리는 것과 같다. 앞에서도 밝혔듯이 번개의 에너지는 **폭약 240kg 분량**과 맞먹는다. 계산해 보면 번개보다 라이코가 땅으로 내려올 때의

충격이 36억 배나 강력하다는 결과가 나오니까, 라이코와 부딪히고도 무사할 포켓몬은 없으리라.

잠깐, 그렇다면 라이코는 괜찮을까? 보통 뭔가가 294,000M의 속도로 땅과 충돌하면 흔적도 없이 산산조각 나 버릴 텐데…….

물론 라이코의 몸이야 놀라울 정도로 튼튼하니 괜찮겠지만, 땅은 그 충격을 견디지 못해 라이코의 몸이 땅속 깊숙이 가라앉아 버릴 것이다. 라이코의 키가 1.9m니까 지름 2m의 구멍을 만들며 땅속으로 파고들어 간다고 가정하면 그 깊이는……헉! 2,300만km? 그런데 지구의 지름은 13,000km다. 그렇다면 지구를 뚫고 우주로 날아가 버릴 텐데!?

으음, 너무나도 엄청난 속도라 라이코에겐 지구가 비좁게 느껴질지도 모르겠다. 그리고 이때 가장 놀라운 것은 라이코의 등에 떠 있는 비구름이다. 294,000M로 이동하는 라이코의 등에서 날아가거나 흩어지지 않고 둥실둥실 제자리를 지키며 번개를 방전하다니, 이 얼마나 다부진 비구름이란 말인가!

라이코도 대단하지만, 라이코의 비구름도 정말 대단하다.

올챙이포켓몬 강챙이에게 생물을 배우자

쉬지 않고 바다를 헤엄치는 강챙이, 지치지 않는 근육의 비밀은?

발챙이는 슈륙챙이를 거쳐 강챙이 또는 왕구리로 진화한다. 보고 있으면 아무래도 현실 세계의 개구리가 생각난다. 발챙이는 올챙이를 빼닮았고, 슈륙챙이는 포켓몬 도감에서 '두 다리가 발달하여 지상에서 살 수 있는데도 어째서인지 수중 생활을 좋아한다' Y 고 설명한다. 왠지 개구리를 닮았네.

강챙이 올챙이포켓몬 타입 물 격투
▼ 오메가루비 · 알파사파이어
● 키 1.3m
● 몸무게 54.0kg

강인하게 발달한 근육은 아무리 운동해도 지치는 일이 없다. 태평양도 가볍게 횡단할 수 있을 정도다.

그러나 강챙이가 되면 언뜻 보기에는 개구리를 닮았어도 결정적으로 다른 점이 눈에 띈다. 공식 도감에서는 '강인하게 발달한 근육은 아무리 운동해도 지치는 일이 없다. 태평양도 가볍게 횡단할 수 있을 정도'라지만, 개구리는 바다에서 헤엄칠 수 없다고요!

도마뱀을 닮은 영원이나 개구리 같은 양서류는 땅 위와 물속에서 자유롭게 움직이지만, 양서류가 사는 '물'은 강이나 연못이나 늪지대 등 염분이 포함되어 있지 않은 '민물'이다. 양서류의 피부는 물을 통과시켜 수분을 흡수한다. 입 대신 피부로 수분을 흡수하기 때문에 바닷물에 들어가면 소금에 절인 오이나 민달팽이처럼 몸속 수분을 빼앗겨 쭈글쭈글하게 변해 버린다! 그래서 양서류는 절대로 바닷속에서 살 수 없다.

그러나 현실 세계의 양서류와 달리 우리의 강챙이는 태평양을 가볍게 횡단하는 강인한 체력의 소유자다. 놀라운 능력이 있는 강챙이의 근육에 대해 살펴보자.

⊙ 강챙이는 태평양을 건너는 데 얼마나 걸릴까?

'태평양을 가볍게 횡단'한다니, 정말 놀라울 따름이다.

현실 세계의 태평양은 그 넓이가 1억 7,000만km²로, 지구 전체 면적의 $\frac{1}{3}$이나 차지하는 지구에서 가장 큰 바다다. 보통 '태평양 횡단'이라고 하면 우리나라에서 미국 서해안까지 가는 것을 의미하는데, 그 거리는 무려 10,000km다!

오롯이 맨몸으로 헤엄친다니 얼마나 대단한 체력일까? 올림픽 수영 경기에서 가장 긴 장거리 종목은 남자 1,500m 자유형인데, 강챙이가 헤엄치는 거리는 그보다 6,700배나 길다.

현실 세계에서 가장 먼 거리를 쉬지 않고 헤엄친 사람은 미국의 다이애나 니아드다. 2013년 8월, 쿠바에서 플로리다 반도까지 166km나 되는 바다를 53시간 동안 수영해서 건넜다. 이 위대한 여성의 당시 나이는 예순네 살이었다고 한다. 참으로 놀라운 기록이지만 강챙이는 그보다 60배나 대단하다!

강챙이는 헤엄치는 속도 또한 엄청나다. 포켓몬 도감에 따르면 '자유형이나 접영을 잘하여 올림픽 선수도 제치고 쑥쑥 앞질러 나아간다' ⓨ고 한다.

2018년 현재, 남자 100m 자유형의 세계 기록은 46.91초다. 자유형은 어떤 영법으로 헤엄쳐도 되지만 대부분 속도가 가장 빠른 크롤로 헤엄친다. 다음으로 빠른 영법은 접영으로, 2018년 현재 100m 세계 기록은 49.82초다. 올림픽 선수들을 쑥쑥 앞질러 나간다고 했으니까 강챙이가 100m 자유형 세계 기록보다 두 배 빠른 속도로 헤엄친다고 가정해 보자.

계산 결과, 강챙이가 태평양을 횡단하려면 27일하고도 4시간이 걸린다. 이렇게 오래 수영해도 지치지 않는다니 대단한걸! 강챙이는 정말로 훌륭한 수영 선수다.

⊙ 지치지 않는 근육의 비밀

강챙이의 놀라운 수영 능력이 가능한 까닭은 강인한 근육 덕분이다. '아무리 운동해도 지치는 일이 없다'니, 도대체 어떤 근육일까? 인간의 근육을 참고해 살펴보도록 하자.

인간의 근육은 크게 '가로무늬근'과 '민무늬근'으로 나뉜다. 가로무늬근은 손과 발처럼 몸을 움직이는 근육으로, 힘은 세지만 잘 지친다. 민무늬근은 소화 기관 등 내장을 움직이는 근육으로, 힘은 약하지만 오랫동안 움직여도 지치지 않는다. 가로무늬근은 '강한 힘', 민무늬근은 '지구력'이 뛰어나다고 이해하면 된다.

그러나 우리 몸에는 그 두 가지 장점을 모두 갖춘 놀라운 근육이 있다. 바로 '심장 근육'이다. 가로무늬근의 사촌 격으로 힘이 센 데도 쉽게 지치지 않는다. 심장이 '아, 피곤해. 오늘은 좀 쉴까?' 같은 소리를 하면 곧바로 죽을 테니까 말이다.

심장 근육이 두 가지 장점을 독차지한 데는 비밀이 있다. 가로무늬근은 심한 운동을 하거나 오랫동안 운동을 계속하면 근육을 딱딱하게 만드는 '젖산'이란 물질을 분비한다. 이로 인해 근육이 딱

딱해져 마음대로 움직이지 않는 상태가 바로 '피곤한' 상태다.

그러나 심장 근육은 아무리 오래 운동해도 젖산을 분비하지 않는다. 따라서 어머니의 배 속에 있을 때부터 죽을 때까지 지치지 않고 움직일 수 있는 것이다.

그렇다면 강챙이의 근육도 인간의 심장 근육처럼 젖산을 분비하지 않는 게 아닐까?

아무리 그렇다고는 해도 27일 4시간이나 헤엄칠 수 있다니 놀랍다. 설령 피곤을 느끼지 않더라도 그렇게 오랫동안 헤엄을 치려면 분명 많은 에너지를 소비할 것이고, 이에 필요한 열량은 하루에 31만kcal, 27일 4시간이면 850만kcal다. 120g 무게의 삼각 김밥을 4만 개나 먹어야 하는데, 그 무게는 무려 4.8t에 달한다!

아무리 강챙이라고는 하지만 몸무게가 54kg밖에 안 나가는데, 이렇게 많이 먹고 헤엄칠 수는 없겠지. 어쩌면 수영하면서 물고기 같은 것들을 잡아먹는지도 모른다. 100g짜리 물고기를 잡아먹는다면 매일 1,470마리, 1분에 한 마리씩 먹는 셈이다.

태평양을 횡단하는 강챙이는 위장도 엄청나게 튼튼한 게 분명하다. 놀랍다, 강챙이. 대단하다, 강챙이. 한때 수영 좀 했던 사람으로서 깊은 존경을 보낸다.

두더지포켓몬 닥트리오에게 지구과학을 배우자

지하 100km까지 파 내려가는 닥트리오의 놀라운 능력!

두더지포켓몬 디그다는 '지하 1m 정도를 파고들어 가서 나무뿌리 등을 씹어 먹고 산다. 가끔 지상으로 얼굴을 내민다.' X 또, '피부가 매우 얇아서 빛을 쪼이게 되면 혈액이 데워져 약해진다.' Y 디그다의 키는 0.2m, 몸무게는 0.8kg이다. 매우 작고 약하며 좀처럼 눈에 띄지 않는 포켓몬이다.

닥트리오 두더지포켓몬 타입 땅
▼ 블랙 2・화이트 2
• 키 0.7m
• 몸무게 33.3kg

3개의 머리가 교차하며 움직여서 아무리 딱딱한 지층이라도 지하 100km까지 파들어 간다.

 디그다는 진화하면 닥트리오가 된다. 어라, 세 마리로 늘어났을 뿐이잖아? 얼굴이나 체형도 변한 게 없네? 자칫하면 별것 아니라고 무시하기 쉽지만, 포켓몬 도감을 읽어 보면 깜짝 놀랄 진화를 이루어 냈음을 알 수 있다.

 우선 키가 3.5배나 커졌고, 몸무게는 약 41배나 늘어났다. 그리고 도감 속 해설처럼 '아무리 딱딱한 지층이라도 지하 100km까지 파들어 간다.' 잠깐만, 디그다 시절에는 지하 1m에서 살다가 닥트리오가 되면 갑자기 지하 100km까지 파들어 간다니?

 100km=10만m이므로 결국 10만 배나 깊이 땅을 팔 수 있게 되었다는 뜻이다. 키가 3.5배 커지고 몸무게가 41배 무거워졌을 뿐인데, 땅을 파는 능력은 10만 배나 강해졌다니! 고작 세 마리가 10만 배나 되는 위력을 발휘한다니 너무 놀랍지 않은가?

 갑자기 위협적인 포켓몬으로 변해 버린 닥트리오에 대해 좀 더 자세히 알아보자.

◉ 얼마나 깊이 내려갈 수 있을까?

본론으로 들어가기 전에 생각해 볼 문제가 있다. 33.3kg이라는 닥트리오의 몸무게는 세 마리를 모두 합친 몸무게일까, 아니면 한 마리당 몸무게일까? 사실 '한 마리당 33.3kg'일 가능성이 크다.

닥트리오의 키는 디그다의 3.5배다. 키가 3.5배 커지면 몸의 좌우 길이와 앞뒤 두께도 3.5배씩 늘어날 테니 몸무게는 $3.5 \times 3.5 \times 3.5 = 42.9$배가 되어야 한다. 디그다의 몸무게 0.8kg에 42.9를 곱하면 34.3kg이 된다. 닥트리오의 몸무게 33.3kg과 매우 비슷하다. 몸집이 커지면 몸무게가 무거워지는 건 당연하다. 한 마리가 33.3kg이니 세 마리를 합치면 99.9kg, 훨씬 더 강력하다!

그런데 닥트리오가 파 내려갈 수 있다는 지하 100km는 어떤 곳일까? 글쎄, 현실 세계의 인간들도 사실 그렇게 땅속 깊은 곳까지 내려가 본 적은 없을 뿐더러 관측 기기를 내려보낸 적도 없다.

지금까지 인간이 가장 깊이 지하로 내려간 기록은 남아프리카공화국에 있는 광산으로 지하 3.8km다. 기계만 내려보낸 기록은 지하 12km로, 1970년부터 러시아(당시 소비에트 연방)가 지구 내부를 조사하기 위해 파 내려가기 시작했다. 처음 목표는 지하 15km였다고 한다. 19년 후인 1989년 지하 12km 지점까지 도달했지만, 엄청나게 높아진 온도와 주변 바위들이 짓누르는 압력을 기계가 견디지 못해 더 이상 파 내려가지 못했다.

인간은 아무리 애를 써도 19년 동안 지하 12km 깊이까지 파 내려간 것이 고작이다. 지하 세계는 그렇게나 가혹한 곳이다. 그런데 닥트리오는 세 개의 머리를 번갈아 움직이며 지하 100km까지 파 내려간다니. 무려 인류가 세운 기록보다 여덟 배나 깊다.

그러나 닥트리오의 위대함을 이것만 가지고는 논할 수 없다. 지하 100km에 있는 마그마의 온도는 수백~1,000℃에 달한다. 게다가 주변의 바위가 짓누르는 압력도 $1cm^2$당 30t이나 된다. 닥트리오의 체격이면 무려 28,000t의 압력을 받게 되는데, 이 힘은 지름이 26m나 되는 바위로 누르는 압력과 비슷하다. 상상해 보자. 시뻘겋게 달궈진 빌딩 만한 바위에 깔리는 장면을…….

그런 시련을 견디며 닥트리오는 묵묵히 땅을 파 내려간다. 앞에서 이야기했듯 디그다 시절에는 피부가 얇고 햇빛을 쬐기만 해도 혈액이 데워져 약해졌는데……, 비록 겉모습은 바뀌지 않았더라도 몸만큼은 정말 튼튼해졌구나!

⊙ 닥트리오가 땅을 파 내려가는 방법

사실 가장 궁금한 점은 닥트리오가 지하 100km 지점까지 파 내려가는 방법이다. 포켓몬 도감에서는 '세 개의 머리가 교차하며 움

직여서'라고 설명하고 있으니, 이를 바탕으로 구체적인 방법을 상상해 보자. 독자 여러분의 이해를 돕기 위해 이 책에서는 세 마리의 닥트리오를 각각 A, B, C라고 부르기로 한다.

① A가 다른 두 마리보다 먼저 머리 크기만큼 파 내려간다.

② 이어서 B는 A가 파 내려간 부분부터 다시 머리 크기만큼 파

내려간다.

③ 그리고 C는 B가 파 내려간 부분부터 다시 머리 크기만큼 파 내려간다.

그리고 다시 ①부터 반복한다.

이렇게 되풀이해서 조금씩 파 내려가다 보면……. 하지만 이 지하 여행은 분명히 매우 힘들 것이다.

닥트리오 한 마리가 머리 크기만큼 파 내려가면 위의 ①, ②, ③ 순으로 머리 크기만큼씩 파 들어가는 셈이다. 포켓몬 도감에 실린 그림에서는 어디까지가 머리인지 알 수 없지만, 키가 0.7m니까 머리는 20cm 정도 되지 않을까?

만약 그렇다면 한 번 파 내려갈 때마다 20cm씩 전진하게 된다. 이렇게 지하 100km까지 가려면 닥트리오는 한 마리당 166,667번씩 총 50만 번이나 땅을 향해 박치기를 해야 한다.

어휴, 단단한 바위에 그렇게 머리를 부딪쳐도 괜찮을까?

고생을 하며 지하 100km를 파 내려가는 닥트리오. 그들의 정열을 이해하는 사람들은 19년 동안 열심히 땅을 팠던 러시아의 과학자뿐일지도 모른다.

안광포켓몬 렌트라에게 물리를 배우자

벽 너머까지도 볼 수 있는 렌트라의 눈은 어떤 구조일까?

포켓몬 도감의 렌트라 항목을 읽고 깜짝 놀랐다.

'눈동자가 금색으로 빛날 때 벽의 저편에 숨어 있는 먹이를 찾아낼 수 있다.' 오메가루비 벽 저편이 보인다고!?

이때 문득 옛 친구의 얼굴이 머리에 떠올랐다. 어릴 때 자주 보던 만화 잡지에는 '키높이 신발'이나 '그림을 잘 그리도록

렌트라 안광포켓몬   타입 전기
- 키 1.4m
- 몸무게 42.0kg

▼ 오메가루비

눈동자가 금색으로 빛날 때 벽의 저편에 숨어 있는 먹이를 찾아낼 수 있다.

도와주는 기계', '투시 안경'처럼 수상한 광고가 잔뜩 실려 있었다. 아니, 투시 안경이라고? 벽 저편을 투시해 볼 수 있다니! '절대 나쁜 용도로 사용하지 마세요'라고 주의 사항이 쓰여 있었지만, 투시 안경을 나쁜 용도 말고 어떤 용도로 쓸 수 있지?

"투시는 과학적으로 불가능해. 분명 돈 낭비할 테니 절대 사지 마!" 하고 말렸지만, 결국 친구는 투시 안경을 사고 말았다. 일주일 뒤 친구에게 도착한 투시 안경에는 이런 설명서가 붙어 있었다. '벽에 구멍을 뚫고 보세요.'

그때를 떠올리면 지금도 화가 난다……. 아니, 뻔한 사기에 속아 넘어간 친구가 딱할 뿐이다. 그 친구를 위해서라도 꼼꼼하게 따져 봐야겠다. 렌트라는 어떤 원리로 벽 너머를 볼 수 있을까?

◉ 엑스선 사진의 원리

근본적인 문제부터 생각해 보자. 어째서 인간에게는 벽 너머가 보이지 않을까?

인간은 물체에 닿아 반사된 빛이 눈 속으로 들어가 '망막'에 있는 '빛을 느끼는 세포'에 붙잡혀야 비로소 뭔가를 볼 수 있다. 빛은 벽을 통과하지 못하니까 벽 너머에서 빛이 얼마나 반사되건 간에 반대편에 있는 눈 속에는 들어오지 않는다. 따라서 투시 안경을 쓰고 아무리 노력해도 벽 너머가 보일 리는 없다.

그러나 엑스선은 다르다. 엑스선은 근육이나 내장을 통과하지만, 뼈는 통과하지 못한다. 이 성질을 이용한 것이 '엑스선 사진'이다. 몸 앞에 필름을 놓고 맞은편에서 엑스선을 쬐면 근육과 내장을 통과해 엑스선이 닿은 부분은 필름이 까맣게 변하고, 뼈에 가려져 엑스선이 통과하지 못한 부분은 흰색으로 남는다.

엑스선을 발견하고 최초로 엑스선 사진을 찍은 사람은 '빌헬름 뢴트겐'이라는 독일의 물리학자였다. 뢴트겐이 엑스선을 발견하자마자 엑스선 사진은 곧바로 의학계에서 중요한 역할을 했고, 그는 1901년 제1회 노벨 물리학상을 받았다.

엑스선은 여러 가지 물건을 통과할 수 있어서, 현재는 공항에서 수화물을 검사하거나 분해할 수 없는 기계의 내부, 불상이나 그림 같은 미술품 내부를 조사하는 데에도 사용되고 있다.

◉ 벽 너머를 볼 수 있을까?

엑스선을 이용하면 벽 너머를 볼 수 있을까? 사실 내가 궁금한 것은 바로 그 점이다.

엑스선은 콘크리트 벽도 통과한다. 벽 두께가 10cm일 때는 60%, 20cm일 때는 35%가 통과한다. 그렇다면 투시 안경도 마냥 불가능한 얘기는 아니라는 소리인가?

꿈에 부풀어 기뻐하는 독자들은 역사 공부부터 하자.

엑스선 사진은 잡지에 소식이 실리자마자, 전 세계에서 화제를 모았다. 한 달 뒤, 미국 뉴저지 주의 트렌턴 시에서는 '극장 내 엑스선 오페라글라스 사용 금지법'이 생겼다. 오페라글라스는 오페라를 감상할 때 쓰는 쌍안경인데, 트렌턴 시의회는 엑스선을 쏘는 오페라글라스(수상해!)가 발명되었다는 사실을 알고 나쁜 일에 쓰일까 봐 걱정했던 것이다. 시대가 달라도 인간의 생각에는 별 차이가 없나 보다.

그러나 엑스선 사진은 엑스선 촬영 장치와 촬영 대상, 그리고 필름을 순서대로 놓은 상태에서만 필름에 찍힌다. 즉 오페라글라스로 아무리 엑스선을 쏘아 봤자 촬영 대상 뒤에 필름을 대지 않으면 그 결과를 절대 볼 수 없으니, 쓸데없는 걱정이었던 셈이다.

그럼 렌트라는 어떻게 벽 너머를 볼 수 있을까?

자연계에는 굉장히 약하지만 우주와 지하 물질에서 발생한 엑스선이 퍼져 있다. 그 엑스선이 벽 너머의 포켓몬에 닿으면 일부는 포켓몬의 몸을 통과하고 일부는 반사되어 벽을 뚫고 렌트라의 눈에 도달할 것이다. 엑스선 사진 촬영과 비교하면 '촬영 장치에서 나온 엑스선 = 포켓몬에게서 반사된 엑스선' → '촬영 대상 = 벽' → '필

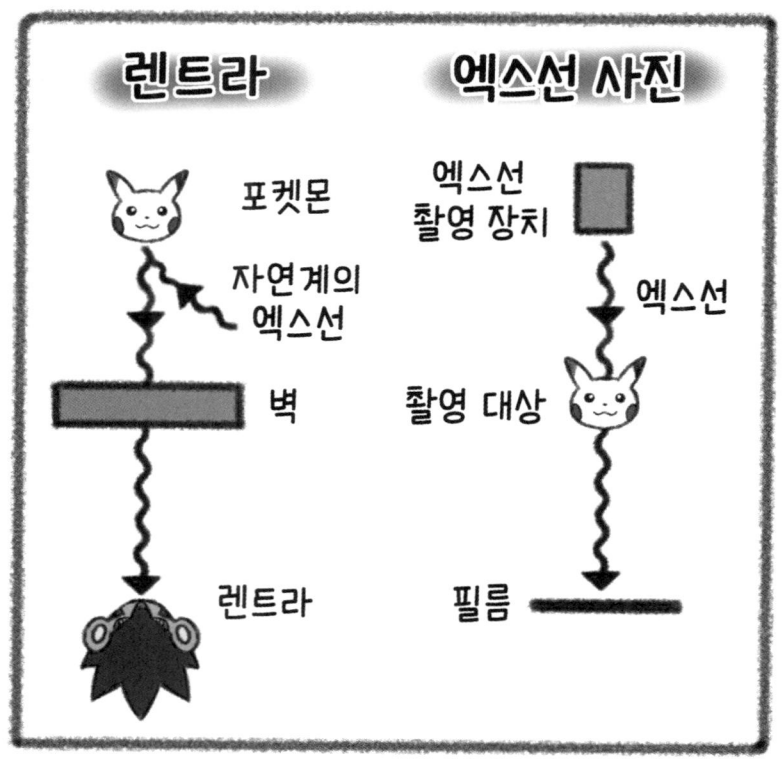

름 = 렌트라의 눈'이다. 렌트라의 눈이 미세한 엑스선을 볼 수 있다면 벽 너머에 있는 포켓몬이나 먹이가 보일 것이다.

물론 추측에 불과하지만, 이 가정이 맞다면 다른 포켓몬에게는 위협적일 수밖에 없다. 배틀이 한창일 때 그늘 속에 숨어도 렌트라에게는 안 통할 테니까 말이다. 게다가 몸 내부까지 볼 수 있으니 여간 낭패가 아니다. 무엇으로든 변할 수 있는 메타몽은 골격까지 똑같이 바꾸지 않으면 바로 들킬 것이다. 보르그는 볼주머니에 감춰 둔 나무 열매 씨앗의 개수까지 발각될 것이고, 석탄을 태워 에너지를 만들어 내는 코터스도 석탄이 얼마나 남아 있는지 죄다 드러나겠지. 음, 렌트라는 참 무서운 녀석이다.

하지만 포켓몬 도감에는 이런 설명도 있다. '벽 저편이라도 볼 수 있는 힘으로 도망친 먹이를 쫓는 것 이외에도 미아가 된 아이를 찾기도 한다.' `블랙2` `화이트2` 오오, 감동이다!

렌트라는 우리에게 투시 안경을 나쁜 일에 사용하지 않고 올바르게 쓰는 방법을 알려 주는 것 아닐까? 독자 여러분도 만약 투시 안경이 생긴다면 렌트라를 본받아 옳은 일에만 사용하도록 하자.

박쥐포켓몬 크로뱃에게 생물을 배우자

날개가 네 개로 진화한 크로뱃에게는 어떤 이점이 있을까?

크로뱃은 주뱃에서 골뱃을 거쳐 진화한 '박쥐포켓몬'이다. 골뱃은 크로뱃으로 진화할 때 획기적인 변화를 이루어 내는데, 그것은 바로 다리가 날개로 변해 날개가 네 개로 늘어난다는 점이다! 덕분에 크로뱃의 비행 능력은 매우 향상되었다.

포켓몬 도감에는 이런 설명도 실려 있다.

크로뱃 박쥐포켓몬 타입 독 비행
● 키 1.8m
● 몸무게 75.0kg

▼ 블랙 2・화이트 2

4장으로 늘어난 날개를 사용하여 더욱 빠르고 조용하게 날아 먹이가 눈치채지 않게 살며시 다가간다.

　'네 장으로 수가 늘어난 날개로 어둠 속을 조용히 날아간다. 주위를 지나쳐도 눈치채지 못한다.' X　'양쪽 다리도 날개가 됨으로써 날기에는 능숙해진 반면 걷는 것은 형편없어졌다.' 블랙 화이트

　네 개의 날개를 갖게 된 대신 잘 걷지 못하게 된 크로뱃을 걱정하는 사람이 많을 테지만, 사실 현실 세계의 박쥐나 조류 가운데 수평 비행이 가장 빠른 바늘꼬리칼새도 거의 걷지 못한다. 한 가지 능력이 탁월하게 향상된 결과 다른 능력을 잃는 일은 종종 있으니 크게 걱정할 만한 일은 아니다.

　그러면 이쯤에서 과학적인 질문을 하나 던져 보자. 날개가 네 개로 늘어나면 비행 능력도 나아질까?

◉ 날개가 네 개 달린 동물들

문제 : 현실 세계에서 날갯짓하며 날아다니는 생물은 무엇일까?
정답 : 새, 박쥐, 곤충

두 번째 문제 : 이 가운데 날개가 네 개인 생물은?

정답 : 곤충

공룡에서 진화한 새는 앞발에 깃털이 돋아 날개로 변했다. 박쥐는 앞발과 뒷발 사이에 생긴 탄력성 있는 막을 이용해 날아 다닌다. 뒷발 사이에 막이 달린 박쥐도 있는데, 이는 날기 위해서가 아니라 곤충을 잡는 데 쓰인다고 한다.

곤충의 날개는 피부가 변해서 생긴 것이다. 곤충의 몸은 머리, 가슴, 배로 나뉘며, 그중 가슴에 여섯 개의 다리와 네 개의 날개가 달려 있다.

현재까지 확인된 지구상의 동물은 모두 175만 종이다. 그 가운데 95만 종이 곤충이라고 하니, 지구에는 뜻밖에도 날개가 네 개인 동물이 가장 많은 셈이다. 곤충은 그 수가 많은 만큼 날개를 움직이는 방식도 무척이나 다양하다.

- 잠자리, 메뚜기 : 앞날개와 뒷날개를 따로 움직인다.
- 나비, 매미, 벌 : 앞날개와 뒷날개를 같이 움직인다.
- 딱정벌레류 : 앞날개를 고정시키고 뒷날개만 움직인다.
- 파리, 모기 : 뒷날개가 퇴화되어 앞날개만 움직인다.
- 일개미, 벼룩, 이 : 날개 네 개가 모두 퇴화했다.

이 중에서 비행 실력이 가장 뛰어난 곤충은 뭘까?

비행 속도는 잠자리가 제일 빠르다. 그중에서도 왕잠자리는 평균 시속 60km, 순간 속도는 시속 100km로 날 수 있다고 한다! 가장 멀리까지 날 수 있는 곤충은 메뚜기다. 사막메뚜기는 하루에 100~200km, 일생 동안 아프리카에서 인도까지 수천 km를 이동하는 경우도 있다.

잠자리나 메뚜기는 '앞날개와 뒷날개를 따로 움직이는' 곤충이다. 크로뱃 역시 위아래 날개를 따로 움직이는 것이 틀림없다. 포켓몬 도감에 '팔이나 다리 어느 한쪽만으로 날갯짓할 때는 긴 거리를 날고 있다는 증거다. 지치면 날갯짓하는 날개를 바꾼다' _{오메가루비} 라는 설명이 있기 때문이다. 크로뱃은 네 개의 날개를 이용해 잠자리처럼 빠르고, 메뚜기처럼 멀리 날 수 있다!

◉ 날개를 움직이지 않고도 날 수 있다고?

한 단계 더 나아가 생각해 보자. '팔이나 다리 어느 한쪽만으로 날갯짓'한다는 말은 쉬고 있는 날개가 있다는 뜻이다. 과연 크로뱃의 비행법은 과학적으로 문제가 없을까?

다시 현실 세계로 눈을 돌려 보자. 독수리, 매, 알바트로스처럼 몸집이 큰 새들은 하늘 위로 높이 날아오르면 날개를 움직이지 않

고 비행을 한다. 프테라노돈 같은 익룡도 날개를 움직이지 않고 날았다고 하고, 당연한 얘기지만 비행기의 날개도 움직이지 않는다. 즉 '날갯짓'이 날기 위한 필수 조건은 아닌 셈이다.

   크고 긴 날개의 단면은 앞쪽에서 불어오는 바람의 힘을 하늘 위로 뜨는 힘으로 바꿔 하늘을 난다. 이런 비행법을 '활공'이라고 한다. 몸무게가 많이 나가는 동물이 하늘을 날기 위해서는 그만큼 큰 날개가 필요하다. 큰 날개를 움직이려면 강한 힘도 필요하다. 그러면 에너지도 많이 소모하게 돼 몸집이 큰 동물일수록 날개를 거의 움직이지 않는 활공으로 비행한다.

크로뱃도 마찬가지다. 주뱃과 골뱃에 비해 크고 무거운 크로뱃은 아마 날갯짓으로 하늘 위로 솟구친 후, 날갯짓을 하지 않는 날개로 활공 비행을 하는 게 아닐까? 이것은 날개가 네 개여야만 가능한 비행법이다.

크로뱃의 진화는 과학적으로도 매우 이치에 맞다. 하지만 도감 속 그림에 네 개의 날개 말고도 살짝 다리처럼 생긴 것이 보이는데……, 그건 도대체 뭘까?

독가스포켓몬 또가스에게 화학을 배우자

몸 안에서 독가스가 폭발하는데도 또가스가 웃는 까닭은?

어라, 또가스가 웃고 있잖아? 얼굴 가득 미소를 띠고 있지만 천진난만한 웃음이 아니라 뭔가 꿍꿍이가 있는 듯한 느낌이다. 또가스는 어째서 항상 기분이 좋은 걸까?

이런 생각을 하며 포켓몬 도감을 살펴보니, 정말로 무서운 설명이 실려 있었다. '얇은 풍선 상태의 몸에 맹독의 가스가 채워져

또가스 독가스포켓몬 　타입 독

▼ 블랙 2·화이트 2

• 키 0.6m
• 몸무게 1.0kg

얇은 풍선 상태의 몸에 맹독의 가스가 채워져 있어 가끔 대폭발을 일으킨다.

있어 가끔 대폭발을 일으킨다.' 블랙 2　화이트 2

　이런, 웃을 때가 아니다! 몸 안에서 '가끔 대폭발'이 일어난다니, 또가스는 괜찮은 걸까? 게다가 그런 심각한 사태가 '가끔' 일어난다니, 도대체 무슨 소리지?

　뭐, 포켓몬 세계의 불가사의는 워낙에 우리의 과학 상식을 초월하니까, 설령 대폭발이 일어난다 해도 또가스는 무사하겠지. 그렇다고 해도 주변에 피해가 크지는 않을지 걱정이다. 또가스의 몸에 가득 찬 맹독 가스가 대폭발을 일으키면 주변에 있던 인간이나 포켓몬 들에게도 피해가 갈 텐데…….

　왠지 위험한 냄새를 풍기는 포켓몬, 또가스의 폭발에 대해 과학적으로 조사해 보자.

◉ 이토록 과학적인 포켓몬이라니!

　포켓몬 도감을 살펴보니, 또가스에 대해 다음과 같은 내용을 찾을 수 있었다.

'공기보다도 가벼운 가스를 몸에 모아서 떠 있다. 가스는 냄새나는 데다가 폭발도 한다.' Y

'음식물 쓰레기와 몸의 독소를 화학 반응시켜 맹독 가스를 만들어 낸다. 기온이 높을수록 가스가 많이 만들어진다.' 알파사파이어

위의 설명을 읽어 보니 또가스가 위험한 포켓몬이라는 사실에는 변함이 없지만, 정말로 과학적인 포켓몬이라는 사실을 추가로 알게 되었다. 이 내용을 과학 용어를 써서 정리해 보면, 또가스의 가스는 다음과 같은 성질을 가진다.

① 유독성이며,
② 공기보다 가볍고,
③ 악취가 나며,
④ 가연성이며,
⑤ '음식물 쓰레기와 독소의 화학 반응'으로 발생한다.

'화학 반응'이란 한 물질이 다른 물질로 변하는 현상이다. 예를 들어 같은 양의 베이킹 소다와 구연산을 컵에 넣고 물을 따르면 부글부글 거품이 생긴다. 이 거품의 정체는 이산화탄소인데, 베이킹 소다와 구연산을 섞으면 화학 반응을 일으켜 '이산화탄소'와 '구연산나트륨'이라는 다른 물질로 바뀌는 것이다. 베이킹 소다와 구연

산은 슈퍼마켓이나 마트에서 쉽게 구할 수 있고, 집에서 실험해도 위험하지 않으니까 꼭 한번 도전해 보길 바란다. 단, 둘 다 반드시 순도가 100%여야 한다.

이렇게 화학 반응을 일으키면 기체(가스)가 나오는 경우가 있다. 또가스의 독가스가 몸 안의 독소와 음식물 쓰레기의 화학 반응 때문에 발생한다는 사실은 과학적으로 말이 되는 현상이다.

한 가지 더 주목할 점은 '기온이 높을수록 가스가 많이 만들어진다'는 내용이다. 앞서 소개한 실험에서 찬물 대신 뜨거운 물을 컵에 넣으면 거품이 깜짝 놀랄 만큼 많이 생긴다. 화학 반응은 대체로 온도가 높을수록 왕성하게 이루어진다. 우와, 대단해! 이 특징도 매우 과학적이었잖아?

⊙ 위험할까, 위험하지 않을까?

잠깐, 이렇게 좋아할 때가 아닌가? 무심코 화학 공부에 도움이 되었다고 해서 기뻐하고 끝낼 일은 아니다. 또가스가 가끔 폭발하면서 주위에 독가스를 뿌린다는 사실을 깜빡 잊고 있었다.

일본의 포켓몬 공식 팬클럽 '포켓몬 너무 좋아 클럽'에는 〈뭉게뭉게 또가스 포켓몬 세계 기행〉이라는 특별 코너가 있다. 또가스가 포켓몬 세계를 둥실둥실 떠다니며 각 장소의 특색을 소개하는

데, 언제 대폭발이 일어날지 모른다고 생각하면 읽는 내내 마음이 조마조마하다.

또가스는 왜 폭발할까?

현실 세계의 식물 가운데 봉선화는 열매가 익으면 탁 터지면서 씨앗을 퍼뜨린다. 또 물곰팡이 같은 균류는 태양열을 받아 데워진 수증기의 힘으로 포자낭 밑동을 터뜨려 포자를 멀리 날려 보낸다. 엄밀히 말해 봉선화는 '폭발'한다고 볼 수 없지만, 자손을 늘리기 위해 파열과 폭발을 이용하는 생물은 분명히 존재한다.

그러니까 또가스의 폭발에도 뭔가 이유가 있는 것인지도 모른다. 친구를 늘리기 위해, 혹은 폭발을 통해 "우리는 위험한 포켓몬이야" 하고 다른 포켓몬에게 경고하기 위해서? 그래도 그렇지, 폭발은 너무 위험하잖아. ……잠깐, 또가스의 폭발은 정말 위험할까?

또가스의 몸은 얇은 풍선 모양이고, 독가스가 발생하는 화학 반응도 그 풍선 속에서 발생한다. 그렇다면 '화학 반응을 일으켜도 물질의 질량은 변하지 않는다'는 '질량 보존의 법칙'에 따라 또가스의 몸무게도 변하지 않을 것이다.

다시 말해 또가스의 몸속에서 화학 반응이 진행되어 독가스가 점점 많이 만들어져도, 질량 보존의 법칙에 의해 몸무게는 그대로인 채 부피만 커질 것이다. 결국 또가스는 열기구처럼 하늘 높이

올라가 저 멀리 하늘 위에서 폭발할 것이다. 게다가 흩어지는 독가스는 공기보다 가벼워 하늘 높이 올라가 퍼질 테니, 땅에는 영향이 없다…….

휴, 전혀 위험하지 않잖아. 다시 보니 또가스의 미소도 '폭발해도 위험하지 않아!' 하고 말하는 것 같다. 과연 진실은 무엇일까?

선율포켓몬 메로엣타에게 생물을 배우자

노래로 감정을 조종하는 일도 메로엣타라면 가능해!

'선율포켓몬 메로엣타'라는 이름을 듣고, '선율'을 '전율'로 착각해 무서운 포켓몬인 줄로만 알았던 독자는 없겠지? '선율'은 '멜로디'라는 뜻이니, 메로엣타는 분명 음악 실력이 뛰어날 것이다. 그래서인지 메로엣타의 머리카락도 오선지 악보처럼 보인다.

포켓몬 도감에는 '메로엣타

메로엣타 선율포켓몬   타입 노말 에스퍼
● 키 0.6m
● 몸무게 6.5kg

▼ 블랙 2 · 화이트 2

메로엣타가 연주하는 선율에는 주위 포켓몬을 기쁘게 하거나 슬프게 할 정도의 힘이 있다.

가 연주하는 선율에는 주위 포켓몬을 기쁘게 하거나 슬프게 할 정도의 힘이 있다' 블랙2 화이트2 는 설명이 쓰여 있다. 우리는 즐거운 노래를 들으면 마음이 들뜨고, 슬픈 노래를 들으면 기분이 가라앉는다. 메로엣타가 연주하는 음악에 사람의 기분을 바꾸는 힘이 있다고 해도 전혀 이상하지 않다.

그러나 그 정도로 끝날 거라 생각했다면 오산이다. 메로엣타가 '특수한 발성법으로 노래하는 멜로디는 노래를 들은 자의 감정을 자유자재로 조종한다' Y 고 한다. 메로엣타는 음악을 들려줌으로써 상대방의 감정을 자유자재로 조종할 수 있는 것이다!

조금만 깊이 생각하면 참으로 대단한 능력이다. 한창 배틀을 벌이는 중에 슬픈 기분이나 절망적인 기분이 들면 싸울 의지가 없어지지 않을까?

이쯤에서 과학자로서 순수하게 궁금해진다. 과연 음악에 그만큼의 힘이 있을까?

◉ 음악과 감정의 관계

이 질문에 대한 답을 찾다가, 음악이 사람의 마음에 미치는 영향을 연구하는 '음악심리학'이라는 학문이 있다는 사실을 알게 되었다. 그래서 《음악심리학 입문》이라는 책을 구해서 공부해 보니…… 오호, 여러 가지 사실들을 알 수 있었다.

음악이 인간의 감정에 영향을 미친다는 사실은 이제 과학적으로도 충분히 검증되었다.

인간의 감정을 어떻게 분석할지를 두고 많은 학자들은 '즐거움 − 불쾌함'과 '깸 − 졸림'으로 여러 가지 감정이 생긴다는 이론을 지지한다. 예를 들면 다음과 같다.

- '즐거움' + '깸' 상태 : '기쁘고' '즐거운' 감정이 생김
- '즐거움' + '졸림' 상태 : '편안'하고 '느긋한' 기분이 됨
- '불쾌함' + '깸' 상태 : '화'가 나고 '초조한' 상태가 됨
- '불쾌함' + '졸림' 상태 : '비참'하고 '슬픈' 기분이 됨

더 세밀한 감정은 '즐거움 − 불쾌함'과 '깸 − 졸림'의 정도에 따라 구분할 수 있다고 한다. 흠, 그렇다면 이해가 가는군.

1990년에는 '즐거움 − 불쾌함'과 '깸 − 졸림'이 심장 박동, 혈압,

근육의 긴장, 피부 온도 등을 변하게 한다는 사실도 밝혀졌다.

의학이 발전해 뇌의 활동을 조사할 수 있게 되면서 흥미로운 사실들이 속속 밝혀지고 있다. 우리의 뇌 중심부에서는 '좋다', '싫다', '무섭다', '편안하다' 등 살아가는 데 필요한 감정이 생기며, 뇌 표면에서는 기억이나 사고를 하고 언어를 다룬다. 그리고 음악을 들려주었을 때 활동이 활발해지는 부분은 뇌 중심부라고 한다!

우리는 '머리로는 안전하다는 사실을 알면서도 왠지 무섭다'고 느낄 때가 있다. 이 감정은 스스로 조절할 수 없는데, 음악이 그러한 감정에 영향을 미친다는 사실이 증명되었다.

《음악심리학 입문》에 나오는 내용은 아니지만 세계적인 바이올리니스트 자크 티보가 동물원에 가서 부드러운 곡을 연주하자 흑표범이 조용해졌고, 격한 곡을 연주하자 위협적으로 변했다고 한다. 뇌의 구조는 인간이나 동물이나 비슷하니까 동물도 음악을 이해할 수 있겠지.

그렇다면 메로엣타가 음악으로 포켓몬들의 감정을 조종하는 것도 말이 된다. 지금까지 살펴본 바로 메로엣타가 연주하는 선율을 듣고 상대 포켓몬이 심한 공포감을 느껴 싸울 의지를 잃는 일은 과학적으로 충분히 설명 가능하니까 말이다.

◉ 어떻게 대처해야 할까?

《음악심리학 입문》에서 읽은 재미있는 실험을 하나 더 소개하겠다.

노래에는 멜로디와 리듬 외에도 가사라는 요소가 있다. 그래서 말이 가진 힘과 멜로디가 가진 힘을 비교하기 위해 '슬픈 가사와 즐거운 멜로디'를 조합한 노래와 '즐거운 가사와 슬픈 멜로디'를 조합한 노래를 많은 사람들에게 들려주었다. 그 결과, 많은 사람들이 멜로디와 일치하는 감정을 느꼈다고 한다. 물론 가사에도 커다란 힘이 담겨 있지만, 메로엣타는 멜로디를 조종하기 때문에 감정을 변화시키는 힘이 더 강한 것 아닐까?

포켓몬 도감에는 이런 설명도 있다. '메로엣타가 연주하는 멜로디에서 영감을 받아 만들어진 명곡이 많다.' 화이트 메로엣타의 멜로디가 뛰어난 작곡가들을 감동시킬 정도의 명곡이라니!

포켓몬도 인간도 메로엣타가 연주하는 음악에 뇌 중심부를 자극받으면 자유자재로 감정을 조종당하고 만다. 메로엣타와 싸우는 포켓몬들은 부디 조심하길 바란다. 하지만 아무리 조심해도 어쩔 수 없다. 나라면 배틀은 진작에 포기하고 메로엣타가 연주하는 음악에 빠져들겠다.

번개포켓몬 쥬피썬더에게 물리를 배우자

몸속에 쌓인 전기를 이용해 온몸의 털을 날리는 쥬피썬더의 위력!

쥬피썬더의 특기는 몸의 털을 미사일처럼 날리는 것이다. 포켓몬 도감에는 이에 대한 매우 멋진 설명이 두 가지나 나와 있다. '체내에 전기가 모이면 전신의 털이 모두 날카롭게 곤두서기 시작한다' X , '체내에 전기를 모으는 것으로 곤두세운 전신의 털을 미사일처럼 연속해서 날린다.' 블랙 2 화이트 2

쥬피썬더 번개포켓몬 타입 전기
▼ 블랙 2 · 화이트 2
• 키 0.8m
• 몸무게 24.5kg

체내에 전기를 모으는 것으로 곤두세운 전신의 털을 미사일처럼 연속해서 날린다.

  몸의 털을 미사일처럼 날리는 원리와 과정을 이렇게나 자세하게 설명해 주다니! 몸의 털이 서서히 곤두서는 쥬피썬더의 모습을 상상하면 벌써부터 가슴이 콩닥콩닥 뛴다.

  다른 포켓몬 도감에도 '세포에서 나오는 약한 전기를 털의 정전기로 증폭시켜 번개를 떨어뜨린다' 오메가루비 , '공기 중의 마이너스 이온을 빨아들여 약 10,000볼트의 전기를 내뿜을 수 있다' Y 등의 해설이 실려 있다.

  이 내용들을 종합하면 쥬피썬더는 몸의 세포에서 생긴 약한 전기를 증폭시켜 번개를 떨어뜨리거나 전기를 뿜어내기도 하고 몸의 털을 미사일처럼 발사한다. 흠, 자유자재로 전기를 조종하는 포켓몬이군.

◎ 인간이 털을 날리지 않는 이유

  현실 세계의 생물의 몸이나 기계에도 정전기가 쌓인다. 추운 겨울에 문손잡이를 만지면 '파직' 하고 깜짝 놀랄 정도의 통증과 함께 불꽃이 튈 때가 있다. 이 불꽃이 바로 정전기다. 가끔 도로 위에서 체인을 찰그랑찰그랑 늘어뜨리고 달리는 트럭을 볼 수 있는데, 이 체인은 차에 쌓인 정전기를 길에 내보내는 역할을 한다.

정전기는 두 물체가 마찰하거나 붙어 있던 것을 떼어 놓을 때 발생한다. 몸에 정전기가 쌓이는 이유는 움직이는 동안 몸과 옷 또는 옷과 옷이 마찰하기 때문이다. 차의 정전기는 타이어가 회전할 때 도로에 닿은 부분이 바닥에서 떨어질 때 발생한다.

정전기가 많이 쌓이면 정말로 몸에 난 털을 날릴 수 있을까?

예를 들어 쥬피썬더의 몸에 플러스(+)극 정전기가 쌓였다고 가정해 보자. 그러면 피부는 물론이고 털 한 올 한 올에까지 플러스극 정전기가 쌓이게 된다. 자석의 N극과 N극이 서로 밀어내는 것처럼 정전기의 플러스극과 플러스극도 서로 밀어낸다. 이 결과, 각각의 털들은 피부나 다른 털에서 멀어지고자 삐죽 곤두서게 된다. '체내에 전기가 모이면 전신의 털이 모두 날카롭게 곤두서기 시작한다'는 현상은 이 때문에 발생하는 것이다. 그리고 정전기의 힘이 털뿌리의 힘보다 세지면 털이 빠져서 발사된다.

정전기가 많이 쌓일수록 몸의 전압은 높아지고, 발사되는 털의 속도 또한 빨라진다. 그렇다면 전압이 어느 정도까지 높아져야 털이 발사될까?

특히 관심이 가는 해설은 포켓몬 도감의 '약 10,000볼트의 전기를 내뱉을 수 있다'는 내용이다. 쥬피썬더가 털을 발사하기 위한 전압이 10,000V라는 뜻일까?

그럴 것 같지는 않다. 이쯤에서 독자 여러분에게 깜짝 놀랄 만한 사실을 알려 주고 싶다. 인간의 몸에 쌓이는 정전기의 전압도 대략 10,000V라는 사실 말이다. 하지만 그 정도의 전압으로 털이 빠지는 일은 없다. 10,000V의 전압으로 몸의 털을 날릴 수 있으면 너도 나도 털을 날릴지도 모른다.

그렇다면 혹시……? 맞다, 쥬피썬더의 몸에 쌓이는 정전기는 전압이 더 높을 것이다. 입으로 내뱉는 전기가 10,000V라도, 몸에 쌓이는 전기는 그보다 전압이 더 높아야 한다.

인간의 머리카락이 뽑히려면 얼마만큼의 전압이 필요한지 계산해 보니, 한 올당 300g의 힘이 필요했다. 쥬피썬더의 털도 비슷한 힘이 가해져야 빠질 거라고 가정하면 몸에 쌓인 정전기의 전압은 무려 3억 3,000만V가 되어야 한다!

자연계의 번개는 전압이 1억V 정도라고 한다. 쥬피썬더는 번개를 떨어뜨릴 수도 있으므로 몸에 3억V 정도의 **전압이 쌓인다고 해**도 전혀 무리는 없을 것 같다.

⊙ 아플수록 강해지는 위력

쥬피썬더의 털 미사일은 위력이 어느 정도나 될까?

동물의 털은 빳빳하고 곧은 '가시털'과 부드럽고 곱슬한 '솜털'로 나뉜다. 개의 가시털은 인간의 머리카락과 비슷한 두께다. 쥬피썬더의 경우도 날렸을 때 위력이 있는 것은 가시털일 테니, 그 두

께를 인간의 머리카락과 같은 0.1mm라고 가정하자. 그림을 참고해 비율을 계산해 보니 쥬피썬더의 털 길이는 20cm 정도였다.

이 가시털을 3억 3,000만V의 정전기 힘으로 날리면 그 속도는 시속 5,200km = 4.3M에 달한다! '미사일처럼 연속해서 날린다'는 도감의 설명에 절로 고개가 끄덕여지는 속도다.

털처럼 가느다란 물체가 빠른 속도로 날아오면 아무래도 견디기 힘들 것이다. 털이 빳빳하면 지름 2.6m나 되는 커다란 나무도 뚫을 수 있다! 이런 공격이 연속으로……. 어휴, 그만 생각해야지.

하지만 쥬피썬더가 살짝 걱정되기도 한다. 털이 빠질 때 아프지 않을까? 억지로 잡아당겨서 뽑는 건 아니더라도 털이 뽑히면 굉장히 아플 텐데…….

털을 뽑는 데 필요한 힘은 제각기 다르겠지만 뽑기 어려운 털일수록 날아갈 때의 위력도 클 것이다. 예를 들어 500g의 힘을 주어야 빠지는 털은 4억 2,000만V의 정전기가 모여야 발사되지만, 막상 발사되면 5.5M(마하)의 속도로 날아간다! 다시 말해 빠질 때 아픈 털일수록 그만큼 위력도 세지는 셈이다.

조금 안됐다는 생각도 들지만 쥬피썬더의 털 미사일이 가진 위력은 정말 대단하다.

탈피포켓몬 곤율랭에게 생물을 배우자

탈피한 껍질을 입고 있는 곤율랭은 과연 몸을 보호할 수 있을까?

참으로 나른한 분위기를 풍기는 곤율랭. 중학교 때 곤율랭과 많이 닮은 친구가 있었는데, 겉보기에는 언뜻 무서워 보여도 마음이 약하고, 공부를 못해도 성격이 좋은 녀석이었다.

아니, 친구 얘기를 늘어놓고 있을 때가 아니다. 곤율랭의 모습을 관찰해 보니, 주머니에

곤율랭 탈피포켓몬　타입 악 격투
● 키 0.6m
● 몸무게 11.8kg

▼ X

가죽을 목까지 늘려서 방어 자세를 취한다.
고무 같은 탄력을 이용해 데미지를 줄인다.

들어가 있는 듯한 모습이 아무래도 눈에 띈다. 포켓몬 도감 속 '가죽을 목까지 늘려서 방어 자세를 취한다. 고무 같은 탄력을 이용해 데미지를 줄인다' x 는 설명을 보니, 아무래도 그 주머니는 방어에 도움이 되는 듯하다. '탈피포켓몬'이라는 이름이 붙었으니까 그 주머니는 아마 자신이 탈피한 가죽이겠지?

'탈피'란 동물이 껍질을 벗는 것이다. 특히 곤충들은 탈피를 통해 성장을 하는데, 번데기에서 탈피해 성충이 될 때 모습이 크게 바뀐다.

인간의 성장을 '탈피'에 비유하기도 한다. "〈상상초월 포켓몬 과학 연구소〉 시리즈는 점점 더 재미있어지는걸! 작가가 드디어 탈피한 건가?"처럼 말이다.

헛소리는 이쯤에서 접어 두고 곤율랭에게 궁금한 점이 있다. 탈피한 껍질을 벗지 않고 그 껍질을 방어용으로 **사용하면 겁쟁이처럼 보이진 않을까?**

◉ 방울뱀에게 배우는 탈피의 비밀

　탈피란 어떤 현상일까? 탈피는 크게 곤충이나 거미, 새우 등의 탈피와 그 밖의 탈피로 나뉜다. 학교에서 가르쳐 주지는 않지만 상당히 재미있는 내용이다.

　곤충, 거미, 새우는 몸이 단단한 껍데기에 싸인 '절지동물'이다. 절지동물의 몸은 껍데기 내부가 성장하더라도 껍데기는 성장하지 않는다. 그 때문에 몸이 어느 정도 커지면 껍데기가 깨지면서 부드러운 몸이 밖으로 나오는데 이 현상을 탈피라고 부른다. 절지동물은 탈피를 되풀이하면서 성장한다. 곤충은 탈피와 동시에 겉모습이 크게 바뀌는데, 이런 경우는 특별히 '변태'라고 부른다.

　다른 동물은 어떨까? 뱀, 거북, 악어 등의 파충류나 개구리, 큰도롱뇽 등의 양서류도 탈피를 한다. 단, 이런 동물들의 탈피는 낡은 허물을 벗어 버리는 것뿐이라 성장과는 관계가 없다. 인간의 몸에서 때가 나오거나 머리카락이 빠지는 것처럼 말이다.

　파충류나 양서류의 탈피에는 여러 가지 형태가 있다. 거북은 피부와 등딱지 표면이 벗겨져 떨어지고, 악어는 오래된 비늘이 부슬부슬 떨어진다. 개구리는 입으로 오래된 피부를 벗겨 내어 먹는다. 뱀은 원래 모양 그대로 온몸의 피부를 신었던 양말을 벗듯이 머리부터 스르륵 허물을 벗는다.

이렇게 보면 곤율랭의 탈피는 뱀의 탈피와 비슷한 것 같다. 벗은 가죽이 원래 모양을 유지하고, 그 안에 들어갈 수도 있다는 것은 탈피해도 몸이 커지지 않았다는 뜻이니까 말이다.

곤율랭이 탈피한 껍질에 들어가 있어도 괜찮을지 걱정하다가, 문득 현실 세계의 방울뱀이 떠올랐다. 최대 몸길이가 2.4m나 되는 이 독사는 첫 번째 탈피에서는 허물을 완전히 벗어 던지지만, 두 번째 탈피부터는 허물을 꼬리에 남겨 둔다. 이 허물이 쌓여 굳으면 꼬리를 흔들 때마다 '지지지지……' 하고 기분 나쁜 소리가 난다!

방울뱀이 소리를 내는 이유는 적을 위협해 가까이 오지 못하게 하기 위해서다. 특히 몸무게가 1t이나 되는 아메리카들소에게 밟히지 않으려면 꼬리를 열심히 흔들어야 한다. 다시 말해 방울뱀도 탈피하여 벗은 허물을 방어에 이용하는 셈이다.

이럴 수가, 방울뱀의 탈피야말로 곤율랭과 똑같잖아!

⊙ 다시 볼수록 높아지는 평가

겁쟁이일까 봐 걱정했는데 방울뱀과 비교해 보니 곤율랭을 과소평가했다는 생각이 든다. 그러니까 여러분도 다른 사람들의 평가에 너무 신경 쓰지 마시길.

그렇다면 곤율랭이 입고 있는 가죽의 방어력은 어느 정도일까?

포켓몬 도감에는 '가죽을 목까지 늘려서' '고무 같은 탄력을 이용해 데미지를 줄인다'는 설명이 나온다. 탄력 있는 가죽을 목까지 끌어 올려 팽팽하게 만들면 펀치나 킥, 보르그가 입으로 뱉어 내는 씨앗 등을 튕겨 내서 충격을 줄일 수 있다. 또 피카츄의 전기 공격도 가죽으로 막으면 전기가 가죽에 닿았다가 땅으로 흐르게 되므로 몸에는 충격을 주지 못한다. 이야, 곤율랭이 점점 다시 보이는걸.

그런데 가죽을 목까지만 늘리면 머리는 어떻게 보호할까?

이 질문에 대한 답도 포켓몬 도감에 이미 나와 있다. '튼튼한 두개골이 자랑이다. 느닷없이 박치기를 하려고 하지만 무게로 자신도 휘청거린다.' 알파사파이어

박치기를 날리면 자신도 비틀비틀할 때가 있는데, 이는 박치기를 한 당사자도 뇌에 충격을 받기 때문이다. 하지만 곤율랭이 비틀거리는 것은 그런 이유가 아니라 머리가 무겁기 때문이다. 박치기한 자신이 비틀거릴 정도로 무겁고 튼튼한 곤율랭의 머리는 아무도 공격하지 않을 테니, 방어할 필요도 없다.

목 아래는 고무처럼 탄력 있는 가죽으로 보호하고, 무겁고 단단한 머리로 공격하는 곤율랭. 의외로 강력한 포켓몬인걸? 상대방은 공격다운 공격도 못한 채 박치기를 피하느라 정신없을 것이다.

탈피한 가죽을 버리지 않고 방어에 사용하는 곤율랭은 자신의 장점을 잘 알고 최대한 활용하는 포켓몬이다. 정말 대견한 포켓몬 곤율랭에 대한 평가가 너무 크게 바뀌어서, 솔직히 이렇게나 달라져도 되나 싶기는 하다.

스팀포켓몬 볼케니온에게 물리를 배우자

수증기를 내뿜어 산을 날려 버리는 무서운 볼케니온!

'불꽃타입' 포켓몬은 '물타입' 포켓몬에 약하다. 불꽃에 물을 끼얹으면 불이 꺼지니까 당연한 이치다.

하지만 볼케니온은 '불꽃·물타입'으로, 상반된 두 개의 성질을 다 가지고 있다. 그래서 등에 있는 팔에서 수증기를 분사하는 능력이 생긴 것일까?

수증기의 힘은 참으로 놀랍

볼케니온 스팀포켓몬 　타입 불꽃 물
- 키 1.7m
- 몸무게 195.0kg

▼ Y
등에 있는 팔로 체내의 수증기를 분사한다.
산 하나를 날려버릴 정도의 위력이다.

다. 현실 세계의 화력 발전소는 수증기의 힘으로 전기를 만든다. 또한 현실 세계의 로켓은 저장 탱크 속 액체 수소와 액체 산소를 반응시켜 발생한 수증기의 힘으로 날아간다. 화산의 마그마도 지하수가 닿으면 '수증기 폭발'을 일으켜 주위의 암석을 폭파시킨다.

볼케니온이 내뿜는 수증기의 위력도 무시무시하다. '등에 있는 팔로 체내의 수증기를 분사한다. 산 하나를 날려 버릴 정도의 위력이다.' Y

수증기는 물에 열을 가하면 발생한다. 이 경이로운 파괴력은 볼케니온이 '불꽃'과 '물' 양쪽 성질을 두루 갖추었기 때문에 가능한 것 아닐까? 그렇다면 그 위력은 대체 어느 정도일까?

◉ 볼케니온의 수증기는 얼마나 뜨거울까?

볼케니온의 등에 달린 거대한 고리 한가운데가 반으로 갈라지면, 두 개의 팔로 변하고 그 끝부분에서는 수증기가 뿜어져 나온다.

물은 100℃가 넘어야 수증기가 되니까, 볼케니온의 수증기도 틀림없이 100℃를 넘을 것이다. 그렇다면 상대방은 '100℃를 넘는 수증기 폭격'과 '수증기로 날려버리기'라는 이중 공격을 당할 테니, 그야말로 강력한 공격법이다.

하지만 실제로 볼케니온이 내뿜는 수증기는 100℃ 정도가 아닐 것 같다. 왜냐하면 볼케니온의 수증기에는 '산 하나를 날려 버릴 정도의 위력'이 있기 때문이다. 참으로 믿기 어려운 힘이다.

앞서 소개한 '수증기 폭발'처럼 수증기 때문에 산이 폭발하는 현상은 현실 세계에서도 일어난다. '수증기 폭발'이란 마그마가 지하수와 만나 고온의 수증기가 대량으로 발생하는 현상인데, 그때 수증기의 온도는 무려 1,000℃에 달한다. 물의 부피는 수증기로 변할 때의 온도가 100℃일 경우에 1,700배, 1,000℃일 경우에 5,800배까지 늘어나므로, 온도가 높을수록 수증기의 파괴력은 강력해진다.

그래도 수증기 폭발로 날아가는 것은 산의 일부분이다. 볼케니온은 '산 하나'를 날려 버릴 정도라고 하니, 현실 세계에서 일어나는 수증기 폭발과는 수준이 다르다.

볼케니온이 날려 버리는 산의 높이가 1,000m라고 가정해 보자. 높이와 지름의 비율이 일본에서 제일 높은 후지산과 같다면 산의 지름은 11km 정도다. 이 산을 날려 보내려면 산을 이루는 200억t의 암석을 부순 다음 그 파편을 날려 보내야 한다. 날아가는 거리에 따라 다르겠지만, 산의 지름과 같은 11km 정도까지 파편을 날려 보내려면 필요한 에너지는…… 으악, 폭약 2억 5,000만t 분량이다!

어마어마한 수준의 폭발을 몸속 수증기만으로 일으키는 볼케니온, 정말 그 위력이 엄청나다. 키 1.7m, 몸무게 195kg인 볼케니온의 몸속에 담을 수 있는 물은 100L 정도로, 가정용 욕조의 절반 정도밖에 되지 않는 양이다.

고작 그 정도의 물에서 발생하는 수증기가 폭약 2억 5,000만t 정도의 에너지를 가지려면 온도가 엄청나게 높아야 한다. 그 온도를 계산하면…… 으악, 5조 6,000억 ℃라고!?

태양의 표면 온도는 6,000℃고, 그 중심부도 1,500만 ℃에 불과하다. 5조 6,000억 ℃는 블랙홀 가까이에서나 발생하는 온도다.

정말 놀라울 뿐이다. 이런 수증기 폭격을 당한 상대는 순식간에 증발해 버릴 것이다. 모두들 볼케니온을 발견하면 도망가자!

◎ 우주까지 날아갈 수 있다고?

어마어마한 위력을 지닌 수증기를 뿜어내는 볼케니온이 그 반

작용으로 자신의 몸을 띄워 올리면 대체 어디까지 날아오를 수 있을까?

하늘을 나는 것이 목적이라면 5조 6,000억 ℃까지 높은 온도는 필요 없다. 로켓이 내뿜는 수증기가 3,000℃ 정도니까, 볼케니온의 수증기 온도도 3,000℃라고 가정해 보자. 팔의 지름으로 미루어 보아 볼케니온은 1초 동안 2.9kg의 수증기를 분사할 텐데, 자신의 몸무게 195kg과 몸 속의 물 100L를 하늘로 띄워야 한다. 그 경우 공중에 떠 있을 수 있는 '체공 시간'은 34초다.

체공 시간은 온도가 높을수록 길어진다. 4,000℃면 40초, 1만 ℃면 62초 동안 하늘에 떠 있을 수 있다. 온도가 너무 높거나 한 번에 많은 양의 수증기를 뿜어내면 우주 끝까지 날아가게 되므로 충분히 주의해야 한다. 만약 5조 6,000억 ℃로 날아오를 경우 어떻게 될지 계산해 보니…… 헉, 불과 0.0014초 만에 지구의 중력을 거스르고 우주로 날아가 두 번 다시는 돌아올 수 없게 된다. 굿바이, 볼케니온.

그런 비극이 일어나지 않도록 부디 볼케니온이 강력한 수증기를 잘 조절하면서 싸워 주길 바란다.

쥐포켓몬 레트라에게 생물을 배우자

알로라지방의 레트라가 뚱뚱해진 이유는?

알로라지방에는 과학적으로 주목할 만한 포켓몬 그룹이 존재한다. 이들은 옛날부터 있었지만 다른 모습으로 등장한 포켓몬들이다. 예를 들어, 지금까지 우리가 알던 야자열매포켓몬 나시는 키가 2.0m인데, 알로라지방의 나시는 키가 10.9m까지 자란다. 놀랍게도 다섯 배 이상 키가 자라는 것

레트라 쥐포켓몬   타입 노말
▼ 블랙 2 · 화이트 2
• 키 0.7m
• 몸무게 18.5kg

의외로 난폭한 포켓몬. 길게 자란 앞니는 두꺼운 콘크리트도 가볍게 갉는다.

이다!

그런가 하면 알로라지방의 디그다는 키도, 둥근 머리도, 동그란 눈동자도 다른 지역에 사는 디그다와 똑같아 보인다. 하지만 유심히 관찰해 보면 머리에 세 가닥의 금색 수염이 돋아나 있다!

알로라지방에 사는 포켓몬들의 모습이 변화한 이유는 지금까지 살아온 지역들과 환경이 다르기 때문인 듯하다. 긴 시간에 걸쳐 알로라지방에 적응하여 포켓몬들이 변화한 모습을 '리전폼'이라 부른다. 자세히 살펴보면 겉모습뿐만이 아니라 타입이나 기술이 바뀐 포켓몬들도 있다.

그중에서도 깜짝 놀란 것은 레트라의 변화다. 우리가 알던 레트라는 '키 0.7m, 몸무게 18.5kg'이다. 하지만 알로라지방의 레트라는 키가 그대로인데 몸무게는 25.5kg이나 된다. 겉모습도 '레트라 맞나?' 싶을 정도로 포동포동 살이 붙어 두 볼이 빵빵하다!

알로라지방의 레트라에게 도대체 무슨 일이 생긴 걸까?

레트라 (알로라의 모습) 쥐포켓몬 타입 악 노말
● 키 0.7m
● 몸무게 25.5kg

▼ 문

먹이의 맛과 신선도에 까다로운 미식가 포켓몬.
레트라가 사는 레스토랑은 진짜 맛집이라고 전해진다.

◉ 레트라의 원래 모습은?

레트라는 어떤 포켓몬일까?

레트라에 대해 포켓몬 도감을 조사해 봤더니 '튼튼한 이빨은 계속 자라기 때문에 바위나 큰 나무를 갉아서 갈아낸다. 집의 벽을 갉아 놓기도 한다' 오메가루비 알파사파이어 , '의외로 난폭한 포켓몬. 길게 자란 앞니는 두꺼운 콘크리트도 가볍게 갉는다' 블랙2 화이트2 고 한다.

앞니가 계속 자란다니! 그래서 여러 가지를 갉아서 이빨을 갈아내는구나!

상당히 민폐를 끼치는 포켓몬이지만 현실 세계에도 쥐나 토끼처럼 평생 이빨이 자라는 동물이 있다. 인간은 영구치가 나면서부터 더 이상 이가 자라지 않는데, 왜 쥐의 이빨은 계속 자랄까?

이렇게 계속 자라는 이를 '상생치'라고 부른다. 쥐목(쥐, 다람쥐, 햄스터, 비버, 카피바라 등) 동물의 앞니, 토끼의 모든 이빨, 돼지, 멧

돼지, 하마의 아래 송곳니, 코끼리의 엄니(사실은 앞니)가 상생치에 해당한다.

인간의 치근(이의 뿌리 부분)은 다른 부분과 마찬가지로 단단하지만, 상생치의 뿌리는 부드러운 조직으로 이루어져 있어 새로운 이빨이 계속 자란다. 쥐나 토끼는 이빨을 맞비비거나 단단한 것을 갉아서 이빨이 너무 자라지 않도록 방지하면서 동시에 끝을 날카롭게 만든다. 이런 습성을 가진 동물의 이빨이 자라는 속도는 하루에 0.3mm에서 0.5mm다. 인간의 머리카락이 자라는 속도와 비슷하게 빠르다. 쥐는 인간보다 훨씬 몸집이 작으니 이빨이 1mm만 자라도 먹이를 먹기 힘들어진다. 흠, 그래서 쉬지 않고 이빨을 갈아 줘야 하는구나.

이런 속사정을 고려하면 커다란 나무나 돌, 콘크리트를 갉는 레트라는 더더욱 힘들지도 모른다. 큰 나무는 둘째치고 돌이나 콘크리트는 쥐들이 갉는 것보다 훨씬 더 단단하다. 그렇다면 레트라의 이빨은 쥐나 토끼보다 훨씬 빨리 자랄지도 모른다. 계속 단단한 것을 갉아 내지 않으면 입을 다물지 못하게 되어 힘들어지겠지.

◉ 레트라가 뚱뚱해진 이유

포켓몬 도감에 따르면 레트라는 '의외로 난폭한 포켓몬. 길게 자란 앞니는 두꺼운 콘크리트도 가볍게 갉는다.' 블랙2 화이트2 무엇이든 갉아 대는 위험한 포켓몬이라는 설명이 눈에 띈다.

하지만 알로라지방의 레트라에 대한 설명은 어떨까?

'먹이의 맛과 신선도에 까다로운 미식가 포켓몬. 레트라가 사는 레스토랑은 진짜 맛집이라고 전해진다.' 문 …… 응?

뭔가 전혀 다르다. '미식가'라는 특징은 지금까지는 전혀 발견할 수 없었는데. 알로라지방의 레트라는 미식가가 되는 바람에 뚱뚱해진 걸까?

레트라의 변화에 대해 공식 사이트는 이렇게 설명한다. '도시를 중심으로 서식하고 있어 일반적인 레트라보다 고칼로리의 식사를 하기 때문에 뚱뚱하다.' 우와, 역시 그랬군! 지금까지의 레트라는 돌이나 큰 나무를 갉았으니 아마도 산이나 숲에 살았을 것이다. 하지만 알로라지방의 레트라는 도시에 살면서 고급 먹이를 먹으니 살이 찔 수밖에.

게다가 이런 설명도 있다. '레트라는 신선한 열매나 고급 식재료만을 즐겨 먹는다. 이 능력을 살려 어떤 고급 레스토랑에서는 식재료를 구입할 때 레트라를 데려간다거나 새 메뉴를 맛보게 한다는 이야기도 있다.'

이것 참, 굉장한 미식가가 납셨다. 그런데 아무리 소문이라고는

해도 그 '어떤 고급 레스토랑'의 경영 방침은 좀······.

이대로 계속되면 레트라의 입맛은 끝없이 고급스러워질 것이다. 고급 식재료 중에는 부드럽고 먹기 편한 먹이가 많을 텐데, 그런 것들만 먹으면 이빨이 너무 자라 레트라가 곤란하지 않을까 걱정도 된다.

쥐포켓몬 레트라에게 생물을 배우자

⊙ 알로라지방의 외래종 문제

포켓몬 도감 레트라 항목에는 '꼬렛을 통솔하여 그룹을 만든다. 그룹 간에는 영역이 있어 먹이를 둘러싸고 쟁탈전을 벌인다'[썬]라는 설명이 있다. 꼬렛은 레트라의 진화 전 모습인데, 레트라가 꼬렛을 부하로 삼아 먹이를 둘러싸고 쟁탈전을 벌인다는 얘기다.

실제로 이 꼬렛들이 레트라의 호화로운 식생활을 유지시켜 주는 듯하다. 공식 사이트는 이렇게 설명한다. '레트라는 보금자리에 대량의 먹이를 저장한다. 대개는 무리에 속한 꼬렛에게 먹이를 모으게 하고 자신은 보금자리에서 먹기만 할 뿐이다.'

이게 무슨 소리지? 그런 생활을 하니 레트라가 살이 찌는 게 당연하잖아!

그럼 알로라지방의 꼬렛은 어떻게 변했을까? 지금까지의 꼬렛은 키 0.3m, 몸무게 3.5kg, 알로라지방의 꼬렛은 키 0.3m, 몸무게 3.8kg이다. 대장인 레트라는 엄청나게 뚱뚱해진 데 비해 꼬렛은 0.3kg밖에 몸무게가 늘지 않았다! 기껏 고급 식재료를 모아 와도 먹지 못하는 처지라니, 가엾어라…….

꼬렛에 대해 또 하나 안타까운 점은 알로라지방에서 변화한 이유다. 공식 사이트에 이런 설명이 있다. '알로라지방에서 꼬렛이 대량으로 발생했을 때 그 대책으로 영구스를 들여오게 되었다. 꼬

렛은 영구스를 피하기 위해 생활권과 활동 시간을 바꾸었기 때문에 그 환경에 적응한 모습이 되었다.'

　동물이 생활권과 활동 시간을 바꾸는 건 대단히 어렵다. 꼬렛도 어지간히 고생했음에 분명하다.

　이와 비슷한 이야기가 현실 세계에도 존재한다. 1910년, 들쥐와 반시뱀으로 골치를 앓던 일본 오키나와 지방은 그 대책으로 해외에서 몽구스 스물한 마리를 수입했다. 그러나 몽구스는 반시뱀이 아닌 닭과 오리, 들새를 먹이로 삼았다. 그 결과 몽구스의 개체수가 늘어나, 천연기념물인 얀바루흰눈썹뜸부기를 비롯해 수많은 희귀종을 잡아먹기 시작했다.

　이렇게 외국이나 다른 지역에서 데려 온 생물을 '외래종'이라고 한다. 알로라지방에서도 대량 발생한 꼬렛을 외래종인 영구스를 들여와 잡아먹게 하려고 했지만 꼬렛은 도망쳐서 생활권과 활동 시간을 바꾸어 레트라를 위해 고급 식재료를 모으게 되었고, 이로 인해 레트라는 미식가가 되어 뚱뚱해졌다…… 이렇게 된 걸까?

　생물은 환경에 적응해서 모습과 사는 방식을 바꾼다. 또 인간이 생태계에 손을 대면 예상하지 못했던 사태가 발생하기도 한다. 레트라는 우리에게 생물과 환경의 관계를 일러 **주는 포켓몬이라고** 할 수 있다.

철뱀포켓몬 강철톤에게 지구과학을 배우자

깊은 땅속에 사는 강철톤은 뭘 먹을까?

　강철톤은 롱스톤에서 진화한 '강철·땅타입' 포켓몬이다. 생김새도 더 박력 있게 바뀌었고 몸집도 커졌다. 몸무게가 400kg이나 되면 포켓몬 세계에서도 내로라하는 중량급 포켓몬이다. 그러나 무엇보다도 신경이 쓰이는 사실은, 포켓몬 도감의 '롱스톤보다 깊은 땅속에 살고 있다. 지구의

강철톤 철뱀포켓몬　　타입 강철 땅
▼ 오메가루비 · 알파사파이어
● 키 9.2m
● 몸무게 400.0kg

롱스톤보다 깊은 땅속에 살고 있다. 지구의 중심을 향해 파고들어 가서 깊이 1km에 달하기도 한다.

중심을 향해 파고들어 가서 깊이 1km에 달하기도 한다' 오메가루비 알파사파이어 는 해설이다.

흠, 강철톤은 진화하기 전의 롱스톤보다 더 깊은 곳까지 땅을 파 내려가게 된 것일까? 현실 세계의 동물도 마찬가지다. 물고기에서 진화한 개구리 같은 양서류는 땅 위에서 생활할 수 있게 되었고, 공룡에서 진화한 새는 하늘을 날게 되었다. 진화를 통해 행동 범위가 넓어지는 것은 충분히 이해가 가는 이야기다.

그렇다고는 해도 행동 범위를 깊은 지하로 넓히다니 좀 이상하다. 땅속 1km에는 먹이가 될 만한 생물도 적을 텐데, 강철톤은 어째서 그렇게 깊은 땅속을 파 내려가게 된 것일까?

◎ 땅속 1km 지하 세계

현실의 지하 세계가 어떻게 이루어져 있는지는《상상초월 포켓몬 과학 연구소 ②》의 '롱스톤' 부분에서도 다뤘지만, 다시 한 번

확인해 보도록 하자.

땅의 맨 위에는 '부엽토'가 있다. 썩은 낙엽이나 마른 나뭇가지가 두께 10cm 정도로 쌓여 있다. 지렁이나 공벌레 등 많은 생물들이 부엽토를 먹이로 삼아 살고 있다.

그 아래는 부엽토의 양분이 빗물에 녹아 스며든 '표토'가 있다(검은색이라서 '흑토'라고도 부른다). 두께는 1~2m 정도로 두더지가 땅굴을 파는 것도 이 정도 깊이까지다. 나무뿌리가 퍼져 있는 것도 영양분이 풍부한 지하 1m 정도까지다.

그렇다면 그보다 깊이 내려가면 어떻게 될까? 표토 아래에는 양분이 스며들지 않는 몇 m 두께의 '적토'가 있고, 그 아래는 '모암'이라고 불리는 바위층이다. 생물은 모암은 물론 적토 속에도 거의 살지 않는다(몇몇 개미들은 적토 깊이까지 굴을 판다). 그러니까 흙 속의 생태계는 고작 2m 깊이까지다.

이러한 땅속 구조로 미루어 볼 때 《상상초월 포켓몬 과학 연구소 ②》에서는 '롱스톤은 먹이가 되는 생물이 있는 땅속 1~2m 근방을 계속 파 들어간다'고 생각했다. 지금 생각해도 대단한 추측이었다. 그런데 강철톤은 무려 지하 1km까지 땅속을 파 들어간다니! 아니, 도대체 어째서?

현실 세계의 깊이 1km 지하에도 생물이 전혀 살지 않는 것은 아니다. 하지만 세균들이 지하수에 포함된 약간의 양분으로 근근이 살고 있을 뿐이다. 강철톤은 그 세균들을 먹이로 삼는 걸까? 으음, 강철톤은 우락부락한 이미지와는 다르게 꽤나 소식을 하는구나.

◉ 만약에 흙을 먹는다면……?

이런저런 고민을 하던 중 포켓몬 도감을 보고 깨달았다.

'흙과 함께 삼킨 강철이 몸을 변화시켜 다이아몬드보다 단단해 졌다.' 블랙 2 화이트 2

강철톤이 흙을 삼키다니! 그리고 흙 속에 들어 있던 강철이 몸을 변화시켰다니! 그렇다면 '강철톤은 흙을 먹는다'는 뜻일까? 과학적으로 매우 흥미로운 이야기다.

인간을 비롯하여 현실 세계의 동물들은 식물이나 다른 동물을 먹으며, 그 속에 포함된 탄수화물이나 지방에서 에너지를 얻고 단백질이나 미네랄을 몸의 구성 성분으로 삼는다. 인간과 동물은 그렇게만 영양분을 섭취할 수 있다.

만약 강철톤이 식물이나 동물을 먹는다면 먹잇감이 없는 지하 1km까지 파 내려갈 이유가 없다. 그러나 흙을 삼키고 흙에 포함된 성분에서 에너지를 얻어 영양분을 섭취한다면 얘기가 달라진다. 과학적으로도 충분히 설명할 수 있다.

지하 1km

해설에는 '흙과 함께 삼킨 강철이 몸을 변화'시켰다는데, '강철'은 철에 탄소가 섞인 금속으로 단단하고 탄력성이 강하다. 강철의 원료인 철은 적토나 암석에 함유되어 있으니까, 강철톤이 철 성분이 포함된 흙이나 돌을 먹기 위해 지하 깊숙이 파 내려가는 것은 당연한 일이다.

그렇다면 강철톤은 흙에서 얼마만큼의 철을 얻을 수 있을까? 강철톤이 얼마나 많은 철을 섭취해야 하는지는 알 수 없지만 현실 세계의 과학 지식을 바탕으로 가정해 보자.

만약 강철톤의 몸을 구성하는 재료가 철이라면, 인간의 몸을 구성하는 단백질과 같은 역할을 한다는 뜻이다. 인간은 하루에 자기 몸무게의 $\frac{1}{1,000}$ 정도의 단백질을 섭취해야 한다(몸무게 30kg인 초등학생은 하루에 30g의 단백질이 필요하다). 강철톤도 그 정도 비율로 철이 필요하다고 가정하면, 몸무게 400kg인 강철톤이 하루에 섭취해야 하는 철은 400g이다. 흙에는 평균 4% 정도의 철이 들어 있으니까 강철톤은 10kg의 흙을 삼켜야 필요한 만큼의 철을 섭취할 수 있다. 강철톤에게 그 정도쯤이야 문제없겠지.

이런, 깜짝 놀랄 만큼 말이 되잖아? 처음에는 땅속 1km에서 강철톤이 어떻게 먹고살지 걱정했지만, 과학적으로 살펴보니 이제는 정말 안심이 된다.

얼굴포켓몬 얼음귀신에게 화학을 배우자

먹이를 순식간에 얼려 버리는 얼음귀신은 진정한 미식가!

독자 여러분 중에 '루이베'라는 요리를 먹어 본 사람이 있을까? 루이베는 일본 홋카이도 지방의 생선회 요리인데, 연어나 송어를 얼린 채로 얇게 썰어 먹는 음식이다. 아삭아삭한 식감이 정말……

이렇게 시작부터 먹는 이야기로 새 버리다니, 이게 다 얼음귀신 때문이다. 포켓몬 도감

얼음귀신 얼굴포켓몬　타입 얼음
● 키 1.5m
● 몸무게 256.5kg

▼ 알파사파이어

얼음을 자유롭게 사용하는 힘을 지녔다.
먹이를 한순간에 얼려 움직이지 못하게 하고
맛있게 먹는다.

은 얼음귀신에 대해 '먹이를 한순간에 얼려 움직이지 못하게 하고 맛있게 먹는다' 알파사파이어 고 설명한다.

으음, 현실 세계에 얼음귀신이 있다면 여름에도 겨울에도 루이베를 금방 만들어 먹을 수 있을 테니 정말 좋을 것 같다. 루이베를 많이 좋아하는 나로서는 정말 부러운 일이다.

얼음귀신의 그런 미식가 생활의 비결은 뛰어난 동결 능력이다. '먹이를 한순간에 얼린다'는 기술은 도대체 얼마나 놀라운 능력일까?

◎ 얼려 버리는 이유

애당초 얼음귀신이 만드는 얼음은 아무데서나 볼 수 있는 평범한 얼음이 아닌 듯하다. 이렇게 확신한 까닭은 포켓몬 도감에 실린 설명 때문이다.

'공기 중의 수분을 얼려서 얼음 갑옷으로 몸을 둘러싸 몸을 보호

한다.' X

'바위로 된 몸을 얼음 갑옷으로 단단히 했다. 공기 중의 수분을 얼려서 자유로운 형태로 바꾸는 능력을 지닌 포켓몬이다.' 오메가루비

우와, 얼음으로 갑옷을 만들어서 몸을 보호한다니! 포켓몬 도감 속 얼음귀신 그림을 보면 검은 몸의 표면을 하얀 물질이 그물처럼 감싸고 있다. 얼음귀신의 몸은 바위로 이루어져 있다고 하니 검은 부분이 바위, 흰 부분이 얼음이겠지. 그 얼음이 갑옷 역할을 한다는 것은 얼음귀신이 만든 얼음이 바위보다 더 단단하다는 뜻이다. 자연계의 얼음은 암석의 $\frac{1}{10}$ 정도의 강도인데 얼음귀신의 얼음은 그와 정반대인 셈이다!

이 정도로 단단한 얼음을 자유자재로 다루면 먹잇감을 사냥하기도 쉽다. 하지만 얼음귀신이 먹잇감을 냉동시키는 이유는 사냥을 위해서만은 아닐 가능성이 크다.

고기도 생선도 채소도 천천히 냉동시키면 얼음 결정이 커져 음식물의 세포를 파괴해 맛의 성분이 빠져나가 버린다. 이를 막기 위해 원양 어선에서는 참치 등을 잡으면 저온으로 급속 냉동시킨다. 얼음귀신은 '급속'도 아닌 '순식간'에 얼려 버리니, 그 먹잇감이 맛있을 것은 두 말 할 것도 없다.

다시 루이베 이야기로 돌아가자. 루이베는 원래 가을에서 겨울

에 걸쳐 잡은 연어를 눈 속에 묻어 얼린 요리다. 이렇게 하면 오래 보존할 수 있을 뿐만 아니라 연어 속의 기생충을 죽이는 효과도 있다고 한다.

어쩌면 얼음귀신이 먹이를 순식간에 냉동시키는 이유는 세포의 파괴를 막는 것과 동시에 기생충을 퇴치해 맛있고 안전하게 먹기 위해서가 아닐까? 그렇다면 정말로 풍요롭고 합리적인 선택이다! 얼음귀신과 꼭 한번 식사를 함께해 보고 싶다!

◉ 너무나 놀라운 동결 능력

요리 얘기만 계속할 때가 아니다. 다시 본론으로 돌아가 얼음귀신의 동결 능력에 대해 알아보자.

주목할 점은 얼음귀신이 '공기 중의 수분을 얼린다'는 점이다. 생각해 보니 먹잇감을 사냥할 때도 직접 얼리는 것이 아니라 공기 중의 수증기를 얼려 사냥감을 얼음에 가두지 않을까? 그렇게 하면 사냥감에 손댈 필요도 없으니 안전하고 확실하게 먹잇감을 잡을 수 있다.

그 경우 얼음귀신의 능력은 정말로 놀랍다. 예를 들어 몸무게 50kg인 얼음귀신의 사냥감이 현실 세계의 생물과 마찬가지로 몸무게의 60%가 물이라고 가정하자. 만약 몸에 포함된 수분을 얼린

다면 50kg × 0.6 = 30kg의 얼음만 만들면 된다. 그러나 사냥감의 몸을 얼음으로 감싸려면 그보다 큰 얼음을 만들어야 한다. 사냥감의 키를 1.5m라고 가정하고 같은 크기의 지름을 가지는 얼음 공을 만들려면 얼음이 1.6t이나 필요하다. 얼음귀신은 이렇게 큰 얼음을 순식간에 만들 수 있다는 얘기다.

누구나 겪어 봤겠지만 냉동실에서 얼음을 만들려면 긴 시간이 걸린다. 현실 세계의 강력한 영업용 제빙기로는 하루에 최대 270kg까지 얼음을 만들 수 있다. 그런데 얼음귀신은 1.6t = 1,600kg의 얼음을 순식간에 만든다. 그 '순식간'이 '1초'라면 얼음귀신의 제빙 능력은 성능이 가장 좋은 제빙기의 51만 배나 된다! 얼음귀신이 수산 시장에서 일한다면 분명히 모두들 좋아하겠지.

한가로운 얘기는 이쯤에서 그만두고, 공기 중의 수증기가 언다는 건 그 수증기를 머금은 공기도 얼어 버린다는 이야기다. 즉 얼음귀신이 순식간에 상대방을 얼릴 때 주변의 기온도 순식간에 물이 어는점인 0℃ 아래로 내려가 버린다.

기온 20℃, 습도 60%인 공기에는 1m^{3}당 8.6g의 수증기가 포함되어 있다. 이 수증기를 재료로 1.6t의 얼음을 만들려면 주변 19만m^{3}의 공기를 동시에 차갑게 만들어야 한다. 얼음귀신이 공기를 차갑게 만드는 영역이 반구 형태라 치면 반경 45m 일대가 순식간에 영하의 온도로 내려간다!

벌써부터 오싹하다. 얼음귀신이 배틀을 시작하면 후다닥 도망치는 게 좋겠다.

튀다포켓몬 피그점프에게 생물을 배우자

점프를 그만두면
심장이 멈추는
피그점프는 힘들지 않을까?

　흠, 머리에 진주를 얹은 피그점프를 보고 있으면 아무래도 '돼지에 진주'라는 속담이 머리를 스친다. 사전을 찾아보니 '값어치를 모르는 사람에게는 보물도 아무 소용없다'는 뜻이라고 한다.

　피그점프가 머리에 얹은 진주는 아무래도 진주몽의 것 같다. 포켓몬 도감에 따르면 진주

피그점프 튀다포켓몬 타입 에스퍼
▼ 오메가루비
● 키 0.7m
● 몸무게 30.6kg

꼬리로 뿅뿅 뛰어오르는 포켓몬이다. 뛰어오르는 진동으로 심장을 움직이기 때문에 뛰어오르는 것을 멈출 수 없다.

몽은 '단단한 껍데기로 감싸여 평생 동안 단 한 개의 훌륭한 진주를 만든다' Y 고 한다. 그렇다면 매우 귀중한 보물인데, 피그점프가 그 가치를 알고는 있을까…….

그런데 피그점프를 보고 '돼지에 진주'라는 속담을 떠올리는 재미를 외국인들이 이해할까 싶어 찾아봤더니, 이 속담의 기원은 《성경》 속 '너희 진주를 돼지 앞에 던지지 말라'라는 구절이었다. 피그점프 덕분에 새로운 지식을 알게 되었다.

그건 그렇고 해설 중에 신경 쓰이는 부분이 있다. '뛰어오르는 진동으로 심장을 움직이기 때문에 뛰어오르는 것을 멈출 수 없다.' 도대체 무슨 말이지?

깜짝 놀라 허겁지겁 다른 포켓몬 도감도 찾아보았다. '꼬리를 용수철 대용으로 해서 뛰어오르는 것으로 심장을 움직이고 있어 멈추면 죽는다.' 블랙2 화이트2 뭐야, 그러면 피그점프는 점프를 멈출 수가 없겠네?

튀다포켓몬 피그점프에게 생물을 배우자

과연 피그점프처럼 힘들게 사는 포켓몬이 또 있을까? 혹시 아무 생각 없어 보이는 얼굴을 하고 모진 고생을 견디고 있는 걸까?

◉ 점프를 계속하면 힘들어!

심장은 온몸으로 혈액을 보내는 펌프 역할을 한다.

심장에서 내보내는 혈액에는 폐에서 얻은 산소와 소장에서 흡수한 영양분이 포함되어 있다. 심장으로 돌아오는 혈액에는 우리 몸속 세포에서 필요 없어진 이산화탄소와 노폐물이 포함되어 있다. 이산화탄소는 폐에서 날숨으로, 노폐물은 신장에서 오줌으로 내보내지 않으면 목숨이 위험하다.

혈액 순환은 절대로 멈추면 안 된다. 그래서 50쪽 강챙이 부분에서도 설명했듯이, 현실 세계의 동물들은 힘세고 절대 지치지 않는 튼튼한 근육으로 심장이 이루어져 있다. 포켓몬들의 심장도 마찬가지일 것이다.

하지만 피그점프의 심장은 계속 뛰어오르지 않으면 멈춘다고 하니, 스스로의 힘으로는 움직일 수 없는 걸까? 심장이 스스로 움직이지 않으면 피그점프는 너무 힘들지 않을까?

점프를 계속하는 것은 정말 힘들다. 만약 인간이 피그점프와 같은 처지라면 어떻게 될까? 점프하면서 식사(소화불량이 된다), 점

프하면서 공부(머리에 들어올 리가 없다), 점프하면서 취침(잠이 깨 버린다), 점프하면서 영화 감상(뒷자리에 앉은 사람들이 화를 낸다), 점프하면서 서예(제대로 써질 리가 없다), 점프하면서 야구 경기(삼 진아웃), 점프하면서 수영(수영장 바닥을 발로 차면 실격이다), 점프 하면서 절에서 명상(스님에게 매를 맞는다), 점프하면서 과학 실험

(위험하다)…… 죄다 이런 식이니까 하나부터 열까지 고생이다.

특히 장례식장 같은 데서 점프를 한다면 인간성마저 의심받을지도 모른다. 그렇다고 점프를 멈췄다가는 스스로가 장례식의 주인공이 되어 버릴 테니 어쩔 도리가 없다. 하긴 피그점프가 공부를 하거나 장례식에 갈 일은 없겠지. 하지만 그 문제는 제쳐 두고라도, 쉬지 않고 점프를 계속하기란 쉽지 않다.

◉ 계속 헤엄치지 않으면 죽는 다랑어

그러나 점프로 인해 공중에 머무르는 '체공 시간'이 길어지면, 공중에 떠 있는 동안 밥을 먹거나 공부를 할 수 있을지도 모른다. 공중에 얼마나 오래 머물러 있을 수 있는가는 오로지 점프의 높이로 결정된다. 예를 들어 10초 동안 공중에 떠 있다고 가정하면 그 점프의 높이는…… 우와, 120m? 설마 피그점프가 그렇게 높이 뛰어오를 수 있을까?

키가 0.7m인 피그점프는 도감의 그림을 기준으로 계산하면 꼬리의 스프링이 0.3m 정도다. 키와 같은 높이까지 뛰어올라 꼬리가 0.2m 오그라들면 한 번의 점프 동안 공중에 머무르는 시간은 0.76초, 꼬리의 스프링이 오그라들어 있는 시간은 0.15초. 합계 0.91초. 즉 1초에 한 번씩 깡충깡충 점프하는 셈인데, 이래서는 바빠도 너무 바쁘다! 아마 계속 점프하는 것만으로도 버거워 아무것도 할 수 없을 것이다.

피그점프의 고생에 대해서 상상해 보았지만 사실 그렇게 비관적일 필요는 없을 것 같다. 현실 세계에 비슷한 동물이 있기 때문이다.

예를 들어 다랑어나 꽁치 등 무리를 지어 바닷속을 이동하는 '회유어'는 하루 24시간 쉬지 않고 헤엄친다. 상어나 가오리 같은 원시 물고기도 먹이를 먹을 때나 잘 때나 계속 헤엄친다.

이런 물고기들이 계속 헤엄치는 까닭은 심장이 아니라 호흡하는 '아가미'의 기능이 다른 물고기들과 달라서다. 물고기들은 보통 입으로 삼킨 물을 아가미로 내보내며 산소를 얻고 이산화탄소를 버린다. 그러나 다랑어나 상어는 스스로의 힘으로 아가미로 물을 보낼 수 없다. 입을 벌린 채 계속 헤엄치며 아가미로 물을 통과시켜야 호흡할 수 있어서 헤엄을 멈추면 죽어 버린다.

하지만 다랑어나 상어가 그것 때문에 힘겨워 보이지는 않는다. 생물에게는 상황과 환경에 맞추어 살아가는 다부진 면이 있기 마련이다. 분명 피그점프도 별문제 없이 뽕뽕 쉬지 않고 점프를 계속하며 매일매일을 행복하게 보내겠지.

킥포켓몬 시라소몬과 펀치포켓몬 홍수몬에게 물리를 배우자

킥복서 시라소몬과 복서 홍수몬, 둘이 싸우면 누가 이길까?

싸움포켓몬 배루키는 킥포켓몬 시라소몬, 펀치포켓몬 홍수몬, 물구나무포켓몬 카포에라로 진화할 수 있는데 셋 다 매우 흥미롭다.

배루키는 '툭하면 싸우려 드는 것으로 유명하다. 자신보다 큰 상대에게 도전하므로 상처가 끊이지 않는다.' 블랙 2 화이트 2 싸움을 좋아하는 포켓몬이 격

투 기술이 더 뛰어난 포켓몬으로 진화하는 것은 당연할지도 모른다. 그러나 격투기는 싸움과 다르다. 격투기는 힘든 훈련을 거듭하고, 엄격한 규칙에 따라 비겁한 행동을 하지 않고 싸움에서 이겨야 한다. 자기보다 큰 상대에게 도전하는 배루키는 그 도전 정신만으로도 멋진데 진화하고 나니 더 훌륭해졌다.

아무런 검증도 없이 감동할 수는 없다. 포켓몬 도감의 그림과 이름을 살펴보면 시라소몬은 킥복싱, 홍수몬은 복싱, 카포에라는 브라질 격투기 카포에이라가 특기인 포켓몬이 아닐까 싶다. 그렇다면 이들의 이종 격투기 시합을 기대해 볼 수도 있겠다.

특히 흥미로운 것은 '시라소몬과 홍수몬 중 누가 더 셀까?' 하는 문제다. '킥복서와 복서가 싸우면 누가 이길까?' 어린 시절부터 계속 궁금했지만 여태껏 확실한 답이 나지 않았다. 드디어 결론을 낼 절호의 기회가 왔군…….

좋아, 과학적으로 가상 대결을 펼쳐 보자. 시라소몬 대 홍수몬, 과연 누가 이길까?

◎ 시라소몬의 맹공격

땡~!

시합의 시작을 알리는 공이 울린다.

시라소몬 킥포켓몬
타입 격투
- 키 1.5m
- 몸무게 49.8kg

▼ 오메가루비 · 알파사파이어

자유롭게 신축되는 다리로 강렬한 킥을 날려 상대를 발로 차 쓰러트린다. 싸운 뒤에 지친 다리를 주물러 풀어준다.

처음에는 시라소몬이 우세할 게 분명하다. 그렇게 확신하는 이유는 복서와 킥복서의 대결에서 '킥복서가 유리할지도 모른다'는 예측이 옛날부터 많았기 때문이다. 킥복싱은 발로도 공격이 가능하고, 당연한 소리지만 킥은 펀치보다 공격 범위가 넓다.

분명 시라소몬이 킥을 계속 날리면, 홍수몬은 펀치 공격이 가능한 거리로 접근하지 못해 시라소몬의 맹공격을 피해 다닐 수밖에 없다.

그렇지 않아도 유리한 시라소몬에게는 심상치 않은 능력이 하나 더 있다. 바로 다리가 '자유롭게 신축' 오메가루비 알파사파이어 한다는 사실이다! '발이 두 배 길이로 늘어난다' 블랙2 화이트2 는 정보도 있다. 그렇다면 홍수몬은 점점 밀려나면서 계속 킥을 피할 수밖에 없다…….

시라소몬은 이대로 홍수몬에게 싱거운 승리를 거두게 될까?

게다가 시라소몬의 발끝에는 날카로운 발톱이 세 개나 나 있다.

홍수몬 펀치포켓몬
▼ 오메가루비·알파사파이어

타입 격투
- 키 1.4m
- 몸무게 50.2kg

세계 챔피언을 목표했던 복서의 혼이 깃들었다고 하는 홍수몬은 불굴의 정신으로 절대 지쳐 쓰러지지 않는다.

시라소몬은 승부를 결정짓기 위해 발톱으로 홍수몬을 찌르려고 발을 쭉 뻗으면서 돌려차기를 연발하지 않을까?

그러나 이 공격은 위험할 수도 있다. 발을 뻗으며 돌려차기를 하면 킥의 스피드가 떨어진다. 피겨스케이팅 선수들이 팔다리를 뻗으면 회전이 느려지는 것처럼, 중심으로부터의 거리가 멀어질수록 회전력은 떨어진다. 홍수몬이 이 기회를 놓칠 리가 없다.

◎ 홍수몬의 놀라운 펀치

홍수몬은 시라소몬의 킥의 스피드가 떨어진 틈을 놓치지 않고 다가오는 발을 피하면서 시라소몬의 발에 펀치를 꽂아 넣는 전술을 쓸 것이다. 포켓몬 도감의 해설에 의하면 홍수몬은 '팔을 비틀며 날리는 펀치는 콘크리트도 부스러뜨린다.' 블랙2 화이트2 굉장해!

복싱에서 팔을 비틀면서 날리는 펀치를 '코르크스크루 펀치'라고 하는데, 일반 펀치보다 위력이 더 세다고 한다. 홍수몬 역시 그

기술을 마스터했을지도 모른다.

　당연히 홍수몬의 펀치는 스피드도 엄청날 테니, 현실 세계의 건물처럼 30cm 두께의 콘크리트 벽을 뚫는다고 가정하고 그 위력을 계산해 보자. 홍수몬의 체격이라면 그 속도는 시속 1,020km, 준비 후 펀치를 날리기까지 걸리는 시간은 단 0.004초다!

시라소몬의 발은 눈에 보이지도 않는 속도로 날아오는 콘크리트 분쇄 펀치를 견뎌 낼 수 있을까? 그렇다고 해서 킥을 날리지 않으면 홍수몬이 가까이 접근해 얼굴과 몸에 콘크리트 분쇄 펀치를 날릴 텐데…….

그러나 홍수몬에게는 복서다운 약점이 있다. 바로 '3분 싸우면 잠시 쉰다' 블랙2 화이트2 는 사실이다. 후훗, 귀여운 홍수몬 같으니. 그렇다면 시라소몬은 이때를 노릴 수밖에 없다!

킥으로 공격하지 못하면 펀치를 계속 맞아야 하는 시라소몬이지만, 3분만 버티면 쉬고 있는 홍수몬을 실컷 발로 찰 수 있다! 잠시 휴식을 취한 홍수몬도 질세라 다시 공격을 퍼붓겠지.

홍수몬의 펀치를 맞으면서도 발차기를 계속하는 시라소몬. 이 싸움의 승부는 시라소몬의 발이 얼마나 튼튼한지에 달려 있다.

코브라포켓몬 아보크에게 생물을 배우자

배에 있는 무늬로 상대를 위협하는 아보크, 그 무늬는 얼마나 무서울까?

세상에는 뱀을 좋아하지 않는 사람들이 많다. 공상과학연구소의 직원도 뱀을 보면 "으악!" 하고 비명을 지른다. "이유도 없이 싫어하면 뱀이 불쌍하잖아요"라고 놀렸다가 뱀에 대해 조사해 보고 깜짝 놀랐다. 전 세계에는 무려 3,000종의 뱀이 있는데, 그중 25%가 독을 가지고 있었기 때문이다!

아보크 코브라포켓몬　타입 독
● 키 3.5m
● 몸무게 65.0kg

▼ 블랙 2 · 화이트 2

배의 무늬로 상대를 위협한다. 무늬에 겁을 먹고 움직일 수 없게 된 사이에 몸으로 조인다.

　한국에서 발견되는 독사로는 까치살무사, 쇠살무사, 유혈목이(꽃뱀) 등이 있다. 뱀은 각각 특징이 있는 무늬를 띠고 있어 그 무늬로 종류를 구별하기도 하고, 사는 곳으로 구분하는 경우도 있다. 아무튼 산에서 발견한 버섯을 먹으면 안 되는 것과 마찬가지로 뱀을 보면 가까이 가지 않는 게 좋다.

　뱀에 대한 상식을 바탕으로 아보크에 대해 탐구해 보자. 아보크는 배가 옆으로 크게 퍼져 있고, 거기에 섬뜩한 무늬가 있다. 포켓몬 도감은 이 무늬를 본 상대방은 몸을 움직일 수 없게 되고 아보크는 그 틈에 몸으로 조른다고 한다!

　포켓몬들에게는 이 방법은 매우 위협적이다. 숲이나 들판에서 아보크와 마주치면 배의 무늬를 본 순간 움직일 수 없게 되고, 그 긴 몸에 칭칭 감겨 압박당할 테니까. 게다가 다른 포켓몬 도감에 따르면 아보크는 '조이는 힘이 매우 강력하다. 드럼통도 납작하게 짜부라뜨린다.' 오메가루비 이렇게 되면 그 누구도 무사할 수 없겠지.

그렇다면 대체 아보크의 무늬는 얼마나 섬뜩한 걸까?

◉ 생물들의 몸 색깔

현실 세계의 동물들은 '먹고 먹히는' 관계다. 그중에서 몸 색깔이나 무늬는 중요한 역할을 담당한다.

예를 들어 청개구리가 녹색인 이유는 풀색에 어우러져 새들이 발견하기 어렵게 하기 위해서다. 이와 같이 주위에 녹아드는 몸의 색을 '보호색'이라 부른다.

물고기 중에는 꽁치나 전갱이처럼 등 부분이 푸르스름한 검은색이고 배 부분은 은색인 물고기가 많은데, 이것도 보호색이다. 물 위에서 보면 등 부분의 검은색은 어두운 바다 밑의 색과 헷갈리기 쉽다. 또 밑에서 올려다보면 배 부분의 은색은 해수면과 혼동된다. 바닷속에서 위를 올려다보면 빛이 반사되어 물이 은색으로 보이기 때문이다.

또 카멜레온이나 문어는 주변 환경에 맞추어 몸의 색을 바꿀 수 있다. 이 역시 고도의 보호색이다.

반대로, 눈에 띄는 색이나 무늬를 자랑하는 동물도 있다. 대표적인 예로 200종류 넘게 존재하는 독화살개구리를 들 수 있다. 이 개구리는 이름처럼 피부에 독이 있어, 옛날에는 화살촉에 바르는 독을 만드는 데 쓰였다. 동물도감을 보면 새빨강, 새파랑, 샛노랑……
한눈에도 독이 있어 보이는 색깔이다. 이 색깔로 '우리는 독이 있
어, 먹으면 죽어' 하고 경고하는 셈이다.

이렇게 자신이 위험하다는 사실을 강조하는 몸 색깔이나 무늬
는 '경고색'이라 부른다. 코브라의 가슴에도 섬뜩한 무늬가 있다.
이 무늬는 자신보다 강한 동물에게 '나는 독이 있어. 가까이 오지
않는 편이 좋을 거야' 하고 위협하는 데 도움이 된다.

'위협'은 보통 '강한 것이 약한 것을 협박한다'는 이미지인데, 동
물의 세계에서는 약한 존재가 강한 존재를 위협하는 경우도 있다.
어느 쪽이든 위협은 싸움을 피하기 위한 방어 수단이다.

'배의 무늬가 무서운 얼굴로 보인다. 약한 적은 그 무늬만 보고
도 도망치고 만다'는 설명처럼 아보크의 무늬에는 위협하는 효
과도 있겠지만, '무늬에 겁을 먹고 움직일 수 없게 된 사이에 몸으
로 조인다'는 해설은 아보크가 몸의 무늬를 위협이 아닌 실제 공격
에 사용한다는 무시무시한 사실을 알려 준다.

⊙ 아보크가 조르는 힘

게다가 아보크가 조르는 힘은 만만치 않다. 드럼통을 납작하게
만든다니 도대체 얼마나 강력한 힘일까?

　흔히 쓰이는 200L짜리 철제 드럼통은 지름이 60cm, 높이가 90cm, 철판 두께가 1.6mm다. 아보크가 이 드럼통을 우그러뜨리는 광경을 재현하기 위해 알루미늄 캔에 밧줄을 감아서 졸라 보았더니 8kg의 힘이 필요했다.

　여기에 알루미늄 캔과 드럼통의 크기, 두께, 재질의 차이를 고려

하면 아보크가 조르는 힘은 대략 12t으로 추정된다.

상상만으로도 대단하다. 대형 버스의 무게가 10t 정도니까, 아보크가 조르면 버스에 치이는 것보다 강한 충격을 받는다.

현실 세계의 아나콘다도 다른 동물을 몸으로 칭칭 감아 죽이지만, 사냥감이 숨을 토할 때마다 서서히 몸통을 졸라 숨을 쉬지 못하게 하여 질식시킨다. 이에 비하면 아보크의 조르는 힘은 12t이나 된다! 숨을 토하기도 전에 갈비뼈는 산산조각 나 버린다.

너무나 무서운 아보크. 그 모습을 흘깃 보기만 해도 냉큼 도망쳐야 한다. 절대로 가까이 가면 안 된다. 아보크를 마주쳤을 때의 대처 방법은 현실 세계의 뱀을 만났을 때와 똑같으니까 말이다.

분사포켓몬 총어에게 물리를 배우자

100m 앞에서 움직이는 사냥감을 물줄기로 맞히는 명사수 총어!

후후훗, 총어. 이름만 들어도 벌써 어떤 능력을 가진 포켓몬일지 상상할 수 있다.

자신만만하게 웃으며 포켓몬 도감을 펼쳐 보니 '입에서 뿜어내는 수류는 100m 앞에서 움직이는 먹이조차 명중시킨다' 블랙2 화이트2 고 한다.

대포나 총의 탄환이 도달하는 거리는 '최대 사정거리'라

총어 분사포켓몬

▼ 블랙 2 · 화이트 2

타입 물

- 키 0.6m
- 몸무게 12.0kg

입에서 뿜어내는 수류는 100M 앞에서 움직이는 먹이조차 명중시킨다.

고 하고, 조준한 대로 맞힐 수 있는 거리는 '유효 사정거리'라고 한다. 권총의 유효 사정거리는 보통 20~50m인데, 총어의 수류는 유효 사정거리가 100m나 된다! 설마 이 정도까지 뛰어날 줄이야.

게다가 '움직이는 먹이조차 명중시킨다'는 대목에서는 깜짝 놀랐다. 움직이는 표적은 맞히기가 한층 어렵다. 탄환이 도달하기 전에 표적이 이동해 버리기 때문이다.

무서운 사격수, 총어의 사격 능력을 살펴보자.

◎ 37m 움직인 사냥감을 노려라!

총어를 보면 현실 세계의 물총고기가 떠오른다.

물총고기는 농어나 도미, 전갱이와 비슷한 물고기인데, 입으로 물을 쏘아 풀잎에 붙어 있는 벌레를 떨어뜨려 먹는다. 물총고기가 쏘는 물의 비거리(날아간 거리)는 최대 1m다. 물총고기가 물을 발사할 수 있는 비결은 턱 안쪽에 가느다란 홈이 나 있기 때문이다.

혀로 이 홈을 덮어 가느다란 수로를 만들고 아가미를 꾹 조이는 힘으로 물을 쏜다.

이에 비해 총어의 수류는 유효 사정거리가 100m나 된다. 게다가 '복근을 이용하여 마신 물을 힘차게 뿜어내서 하늘을 나는 먹이를 잡는다.' 오메가루비

표적이 무려 하늘을 나는 먹이라니! 여기에 '유효 사정거리 100m'라는 정보를 합치면 총어는 100m 상공을 날아가는 새를 맞혀 떨어뜨릴 수 있다는 얘기일까? 과연 놀라운 포켓몬이다.

그런 능력이 가능한 까닭은, 해설에도 나와 있듯이 복근의 힘으로 물을 쏘기 때문인 듯하다. 이 점이 현실 세계의 물총고기와 크게 다른 점인데, 물고기는 몸을 좌우로 움직이며 헤엄치기 때문에 원래 복근이 없다. 흔히 합창 대회나 운동회에서 응원할 때 '배에 힘을 주어 목소리를 내라'고 하니까 총어에게 탄탄한 복근이 있다면 센 물줄기를 쏘는 것도 충분히 납득이 간다.

하지만 얼마나 세게 쏘기에 100m 상공에서 움직이는 사냥감을 명중시킬까? 여러 가지 방법으로 계산해 보니 시속 200km로 물을 쏘면 100m 상공에서도 시속 120km의 유속(물 입자의 속도)을 유지한다는 사실을 알았다. 소방 펌프차가 쏘는 물줄기의 속도가 시속 130km 정도니까 120km면 총어의 수류도 충분한 위력을 가

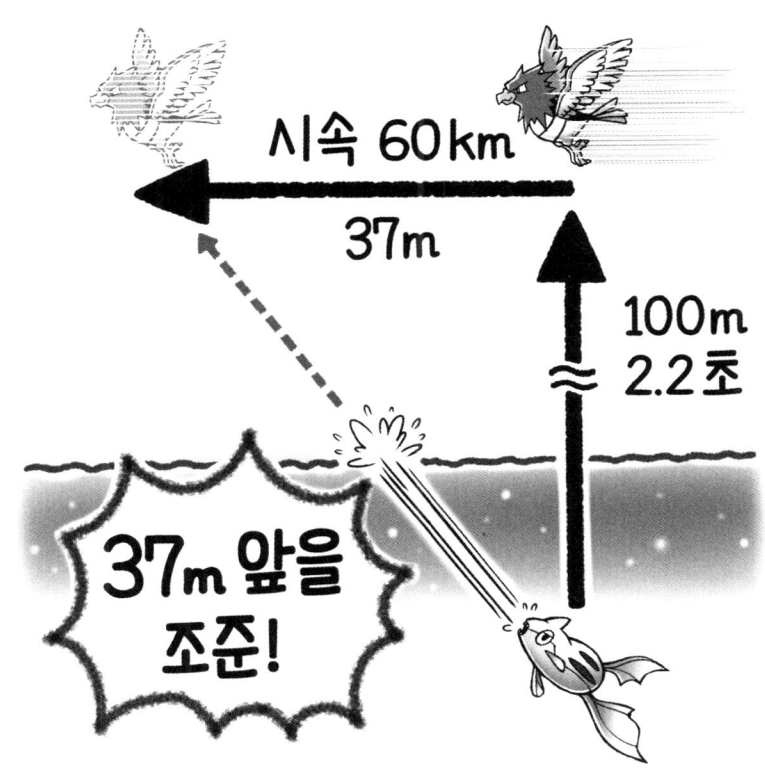

진 셈이다.

하지만 이렇게 속도가 빨라도 상공 100m까지 닿으려면 2.2초가 걸린다. 조준한 상대가 현실 세계의 까마귀처럼 최고 시속 60km로 날아가면 그 사이에 37m나 이동해 버린다. 그렇다면 총어는 '수류가 닿을 시점에는 사냥감이 37m 이동했을 것'이라는 사실까지 예상하고 물을 쏘는 것일까? 으음, 총어가 이렇게나 훌륭한 저격수였다니!

◉ 물속의 명사수

지금까지 알아낸 사실만으로도 충분히 놀랍지만, 포켓몬 도감에는 훨씬 더 놀라운 내용이 실려 있다.

'입에서 힘차게 뿜어내는 물은 깊은 바닷속에서라도 목표로 삼은 먹이를 반드시 맞힌다.' 블랙 화이트 이건 또 무슨 소리지?

수영장이나 목욕탕에서 물총을 쏘아 본 독자들은 알 것이다. 물속에서 물을 쏠 때 쏘는 장소의 수심이 얕으면 물이 수면 위로 올라가지만, 조금 깊이 들어가면 수면이 살짝 출렁이기만 하고 그보다 더 아래로 깊숙이 내려가면 아무 변화도 없다. 물줄기가 물과 부딪히며 속도가 떨어져 주변의 물과 섞여 버리기 때문이다.

하지만 총어의 수류는 깊은 바닷속에서도 반드시 명중한다! 도대체 왜지?

총어가 지름 3cm, 길이 1m의 수류를 쏜다고 가정해 보자. 이렇게 계산하면, 수류의 속도는 3m 전진할 때마다 $\frac{1}{2}$로 줄어든다.

즉, 수류를 수면에서 시속 200km로 쏘려면 수심이 3m 깊어질 때마다 발사하는 순간의 속도를 두 배씩 올려야 한다. 이렇게 '몇

m 깊어질 때마다 두 배'라는 공식은 반복할수록 무서운 결과를 불러온다.

수심이 3m라면 발사 속도는 시속 200km의 두 배인 시속 400km, 수심이 6m라면 그 두 배인 시속 800km, 수심이 9m라면 시속 1,600km = 1.3M(마하)다. 12m면 2.6M, 15m면 5.2M……. 이렇게 점점 빨라지다가 수심이 90m가 되면 1억 8,000만M! 뭐지, 이 말도 안 되는 숫자는?

어처구니없는 결과가 나와 버렸다. 1억 8,000만M로 물줄기를 쏘면 100m 상공에 닿을 때까지 0.0000000017초가 걸린다. 이렇게 짧은 시간이면 시속 60km로 날아가는 사냥감은 0.000028mm 밖에 이동하지 않을 테니, 굳이 이동 거리를 계산하지 않더라도 100% 명중……이라는 납득할 만한 결론이 나온다. 뭐라고? 총어가 쏘는 수류의 위력은 그런 수준이 아니라고? 동의하는 바다.

신기한 것은 총어가 진화하면 문어를 닮은 대포무노가 된다는 사실이다. 이런 과감한 변화 역시 매우 놀라울 따름이다.

분사포켓몬 총어에게 물리를 배우자

풀뱀포켓몬 주리비얀에게 생물을 배우자

햇빛을 쬐면 움직임이 빨라진다니……, 알고 보면 무서운 주리비얀

주리비얀은 풀뱀포켓몬이다. '어? 뱀과 비슷한 포켓몬인가?' 하고 생각했지만 손과 발이 있는 데다가 두 발로 설 수도 있다. 도무지 뱀처럼은 보이지 않는데…….

그러던 중에 포켓몬 도감에서 흥미로운 해설을 발견했다. '태양의 빛을 받으면 평소보다 빨리 움직일 수 있다. 손보다 덩굴을

주리비얀 풀뱀포켓몬 타입 풀
▼ 블랙 2 · 화이트 2
● 키 0.6m
● 몸무게 8.1kg

태양의 빛을 받으면 평소보다 빨리 움직일 수 있다. 손보다 덩굴을 잘 사용한다.

잘 사용한다.' **블랙2** **화이트2** '꼬리로 태양의 빛을 받아 광합성한다. 기운이 빠지면 꼬리가 축 늘어진다.' **알파사파이어** 그렇군, 현실 세계의 생물과 비교하면 뱀보다는 식물의 특징이 강한 포켓몬이다.

리피아나 해루미처럼 태양의 힘으로 에너지를 만들어 내는 포켓몬이 많지만, 주리비얀은 손보다 덩굴을 더 잘 사용한다니 참 신기하다. 대체 주리비얀은 덩굴을 어떤 식으로 사용하는 걸까?

◎ 나팔꽃이 옆 기둥으로 옮겨 가는 이유

줄기가 덩굴로 된 식물을 '덩굴 식물'이라고 부르는데, 현실 세계에도 꽤 많다. 덩굴이라고 하면 주변에 있는 물건을 감는다고 생각하기 쉽지만, 꼭 그렇지도 않다.

덩굴 식물은 나팔꽃처럼 덩굴 자체를 다른 식물에 칭칭 감는 종류와 수세미나 담쟁이처럼 덩굴손과 뿌리로 **어딘가에 매달리면서 덩굴은 그대로 쭉 뻗는** 종류로 나뉜다.

주리비얀의 몸에 덩굴손이나 뿌리는 보이지 않으니, 덩굴이 나팔꽃처럼 감긴다고 가정하고 생각해 보자.

나팔꽃 덩굴에는 재미있는 성질이 있다. 나팔꽃 주위에 막대기를 두 개 이상 세워 두면 덩굴이 하나의 막대기에서 옆 막대기로 이동할 때가 있다. 또 근처에 빨랫줄이 있으면 덩굴이 막대기에서 빨랫줄로 이동하기도 한다. 나팔꽃은 어떻게 자기 근처에 막대기나 빨랫줄이 있다는 걸 아는 걸까?

나팔꽃은 덩굴을 뻗으면서 끝부분을 움직일 수 있다. 위쪽에서 볼 때 시계 반대 방향으로 빙그르르 회전하다가 덩굴이 어딘가에 부딪히면 이번에는 그 물체를 중심으로 끝부분을 회전한다. 막대기가 하나라면 위로 계속 감아 올라가지만, 옆에 다른 막대기나 줄이 있으면 그리로 감아 올라간다.

'식물이 움직인다'니 깜짝 놀랄 노릇이지만 나팔꽃이 그렇게 할 수 있는 이유는 뭔가에 닿으면 왼쪽 위로 뻗어 올라가는 성질이 있기 때문이다. 다시 말해 나팔꽃의 덩굴은 '성장'하면서 움직인다. 그래서 한 번 감은 덩굴을 스스로 풀 수는 없다.

이에 비하면 주리비얀의 덩굴은 놀랍다. 손보다 능숙하게 움직인다고 하니 감는 것도 푸는 것도 자유로울 것이다. 그렇다면 주리비얀의 덩굴은 '성장'이 아닌 '운동'을 하는 걸까? 무섭도록 재주가 많은 덩굴이다.

◉ 밝아지면 얼마나 빨라질까?

 흥미로운 사실은 앞서 소개한 '태양의 빛을 받으면 평소보다 빨리 움직일 수 있다'는 해설이다. 식물은 광합성으로 만들어 낸 영양분을 호흡하는 데 쓰고, 나머지는 몸을 성장시키는 데 쓴다. 그런데 주리비얀은 태양의 빛을 받아 만든 영양분을 운동하는 데 쓴다는 것이다. 식물처럼 광합성이라는 특징을 가지고 있어도 역시 포켓몬이었군.

 그렇다면 햇빛을 쬔 주리비얀은 얼마나 빨리 움직일까?

 빛의 밝기를 나타내는 단위는 'lx(럭스)'다. 럭스는 정해진 넓이에 닿는 빛의 양을 의미한다. 예를 들어 한밤중 거실의 적당한 밝기는 200lx, 공부용 책상에 가장 적합한 밝기는 750lx라고 한다. 이에 비해 화창한 날에는 그늘도 1만lx, 볕이 잘 드는 양지는 무려 10만lx나 된다! 햇빛은 정말 밝구나…….

 현실 세계의 식물들은 대부분 5만lx를 넘으면 광합성의 양이 더 이상 늘어나지 않지만 옥수수나 사탕수수는 밝을수록 광합성의 양이 늘어난다. 주리비얀도 밝은 빛을 쬘수록 점점 광합성 양이 늘어 빨리 움직이는 게 아닐까?

 다른 조건이 동일하다면, 생물이 달릴 때 소비하는 에너지는 '속도×속도×속도'에 비례한다. 두 배의 속도를 내려면 2×2×2 = 8, 여덟 배의 에너지가 필요하다.
 그러나 앞서 설명했듯이 화창한 날 볕이 잘 드는 양지는 그늘보다 열 배, 밤의 거실보다 500배나 밝다. 주리비얀의 광합성 양도

이에 비례한다면, 화창한 날 양지에서는 그늘보다 2.2배, 밤의 거실보다 7.9배 빠르게 달릴 수 있다.

더욱이 두려운 점은 주리비얀의 눈이 크다는 사실이다. 이는 안경원숭이나 올빼미 같은 야행성 동물의 특징이기도 하다. 그렇다면 주리비얀은 어두운 곳에서도 평소처럼 빠르게 움직이지 않을까? 만약 주리비얀이 밤의 거실 정도의 밝기에서 초등학교 6학년 남학생의 기록과 비슷한 속도로 50m를 9.3초(2016년 기록)에 달릴 수 있다면, 화창한 날의 양지에서는 1.19초, 시속 154km의 속력으로 달리게 된다!

큰 눈으로 웃고 있는 온화한 모습의 주리비얀이 설마 이렇게 대단한 포켓몬이었을 줄이야……. 역시 포켓몬의 세계는 심오하다.

화산포켓몬 앤테이에게 지구과학을 배우자

앤테이가 울부짖으면 정말 화산이 분화할까?

앤테이의 특징은 정말 놀랍다. '앤테이가 울부짖으면 세계 어딘가의 화산이 분화한다고 전해진다' 블랙2 화이트2 라니.

화산재와 연기가 솟아오르는 화산의 모습은 분명 웅장하고 근사하다. 하지만 화산재가 우수수 떨어지는 정도로 분화해야 태평하게 '멋지군' 하고 감탄할 수 있지, 막상 실제로

앤테이 화산포켓몬 　타입 불꽃
● 키 2.1m
● 몸무게 198.0kg

▼ 블랙 2 · 화이트 2

앤테이가 울부짖으면 세계 어딘가의 화산이 분화한다고 전해진다.

겪게 되면 자연재해는 어마어마하게 무섭다.

독자 여러분도 앤테이의 능력을 과학적으로 살펴보고 화산의 무서움을 꼭 깨닫기 바란다.

◎ 지구의 활화산은 1,548개

화산이 대규모로 분화하면 무슨 일이 일어날까?

일단, 분화구에서 용암이 흘러나온다. 화산에서 뿜어져 나오는 돌 조각인 '화산력'과 화산에서 뿜어져 나온 용암이 식어 굳은 '화산탄'이 주위로 빗발친다. 게다가 뜨거운 화산재가 공기와 섞여 산 경사면을 내려오는 '화쇄류'도 발생한다.

화산 근처만 피해를 입는 게 아니다. 상공에 떠오른 화산재는 수백 km 떨어진 지역까지 몇 cm나 쌓여, 농사를 비롯한 인간 생활에 엄청난 피해를 입힌다. 분화의 규모에 따라서는 분출된 수증기나 유황에서 '황산 미스트'가 발생해 태양 광선을 차단해, 산성비를 내리거나 지구 전체의 기온이 내려가는 경우도 있다. 화산이 분화하면 지구는 여러모로 피해를 입는다.

지구에는 1,548개나 되는 '활화산'이 있다. 활화산이란 현재 활동 중이거나 과거 1만 년 사이에 분화했던 적이 있는 화산을 말한다. 46억 년이나 되는 지구의 역사에 비하면 1만 년 전은 매우 최근이나 다름없다. 시간의 길이에 빗대어 보면 '현재 열 살 어린이의 11분 전'과 같다. 그러니까 몇천 년 동안 잠잠하던 화산이 내일 갑자기 불을 뿜어도 전혀 이상한 일은 아니다.

전 세계의 활화산 1,548개 가운데 110개가 일본에 있다. 비율로 치면 7%인데, 일본의 면적은 바다를 제외하고도 전 세계 육지의 0.25%밖에 되지 않으므로 밀도가 상당히 높은 편이다.

앤테이가 현실 세계에서 울부짖으면 '세계의 어딘가'라고는 해도 일본에 있는 화산이 분화할 가능성이 매우 크다. 1,548개 중 110개라면 전체의 $\frac{1}{14}$이다. 만약 앤테이가 하루에 한 번 울부짖으면 2주에 한 번은 일본에 있는 화산이 분화하는 셈이다.

◉ 앤테이가 울부짖으면 화산이 분화하는 까닭

앤테이가 울부짖으면 왜 화산이 분화할까?

큰 소리는 유리창을 깰 수 있을 만큼의 파괴력을 갖고 있다. 그렇다면 앤테이는 큰 소리로 울부짖어서 화산을 분화시키는 것일까?

화산이 분화하면 '쿠-웅' 하고 큰 소리가 난다. 이때 인간의 귀에 들리지 않는 낮은 소리도 함께 발생하는데, 이것이 바로 충격파인 '공진'이다. 폭발음이 나지 않고 공진만 발생하는 경우도 있다. 이 경우에는 아무 소리가 안 들려도 집이 흔들려 창문 유리가 깨지기도 한다.

또 화산이 분화하는 원인으로 지하의 마그마 상승을 들기도 한다. 마그마가 땅밑에서 이동하면 주위 암반이 흔들려 '고고고고고' 하는 '땅울림'이나 약한 공진이 발생한다. 이 현상을 포착하기 위해 화산 관측소에서는 지진계와 공진계로 땅의 흔들림과 공진을 측정한다.

이렇듯 화산의 분화와 '소리'는 떼려야 뗄 수 없는 관계다. 그러나 이 소리들은 화산이 분화하거나 마그마가 상승한 결과로 발생한다. 엔테이가 울부짖어서 화산이 분화하거나 마그마가 상승하면 현실 세계와는 그 순서가 정반대다. 현실 세계에서는 당연히 관측될 리 없다.

하지만 앤테이가 울부짖는 소리의 힘이 엄청나다면, 꼭 그렇다고 단정할 수는 없다. 화산 아래 지하 몇 km에는 마그마가 고여 있

는 '마그마 웅덩이'가 있다. 평소에는 온도와 압력이 미묘하게 균형을 유지하고 있지만 어떤 원인으로 인해 그 균형이 무너지면 마그마가 분화구를 향해 솟아오르기 시작한다. 앤테이가 울부짖는 소리가 엄청나게 크거나 강력한 공진을 포함하고 있다면, 마그마 웅덩이의 균형이 무너져 화산이 폭발할지도……?

흠, 과학적으로는 이해하기 어렵지만 앤테이가 울부짖는 소리가 전 세계의 화산에 영향을 미칠거라 가정하고 가상 실험을 계속하다가 재미있는 현상을 발견했다.

만약 앤테이가 북극에서 울부짖으면 그 소리는 주위로 퍼지면서 점점 약해질 것이다. 하지만 지구는 둥글기 때문에 적도를 지나면 다시 소리가 모여 강해지기 시작한다. 그렇게 반대쪽인 남극에서 한 지점에 집중해 모이게 되면, 어마어마하게 큰 소리로 변한다! 이렇게 되면 화산이 폭발할지도……

소리나 공진은 기온이 15℃일 때 초속 340m로 전달된다. 앤테이가 현실 세계의 지구에서 울부짖으면, 그 소리는 지구 반대편까지 도달하는 데 16시간 20분이 걸린다. 즉, 화산이 폭발할 때까지 충분한 시간이 있다. 그러니까 각 지역마다 공진계를 설치해서 앤테이가 일으키는 화산 분화에 대비하도록 하자.

두손포켓몬 거북손손에게 생물을 배우자

두 마리가
바위를 들고 걷는
신기한 거북손손!

거북손손은 여러 가지 의미로 관심이 가는 포켓몬이다.

포켓몬 도감을 살펴보면 거북손손은 '몸을 늘린 반동으로 바위를 들어 올리며 걷는다. 물가로 흘러들어온 해조를 먹는다' Y, '두 마리의 거북손손이 하나의 바위에서 산다. 서로 싸우면 한쪽이 다른 바위로 옮겨 간다' X 고 한다.

거북손손 두손포켓몬　타입 바위 물
▼ Y
● 키 0.5m
● 몸무게 31.0kg

몸을 늘린 반동으로 바위를 들어 올리며 걷는다.
물가로 흘러들어온 해조를 먹는다.

바위에 달라붙어 살면서 그 바위를 들어 올리며 걷는다니!

현실 세계에도 바위에 달라붙어 살아가는 바다 생물은 따개비, 말미잘, 산호, 굴, 홍합 등…… 많이 있다. 이들은 '부착 생물' 또는 '고착 생물'이라고 불린다. 하지만 이 중에 자신이 달라붙어 있는 바위를 들어 올리며 걷는 생물은 하나도 없다!

수수께끼로 가득한 거북손손에 대해 꼼꼼하게 살펴보자.

⊙ 실제로 존재하는 동물, 거북손

'독자들은 잘 모르겠지' 하는 생각에 위에 예를 든 고착 생물에 포함시키지는 않았지만 거북손손과 비슷한 '거북손'이라는 생물이 현실 세계에 존재한다. 거북손손 말고 '거북손'은 이름대로 '거북의 손'과 비슷하게 생긴 고착 생물로, 소금물에 삶아 먹으면 아주 맛있다. 이 책에서는 틈만 나면 먹는 얘기를 꺼내는데, 이게 다 식탐 때문이다…….

거북손은 겉모습만 보고 조개류라고 생각하기 쉬운데, 사실은 새우나 게, 물벼룩 같은 갑각류다. 그렇게 분류하는 이유는 어릴 때의 모습이 새우나 게와 같기 때문이다. 알에서 막 부화한 거북손은 새우나 게의 새끼와 마찬가지로 '노플리우스 유생'이라는 물벼룩처럼 생긴 상태로 헤엄쳐 다닌다. 그리고 '키프리스 유생'으로 변태하여 바위에 붙어사는 거북손이 된다.

굳이 바위에 붙어사는 이유는 무엇일까? 거북손은 조개껍데기 같은 부분에서 여러 개의 작은 발을 뻗어 바닷속을 떠다니는 플랑크톤을 그물로 건지듯이 잡아먹는다. 바닷물은 끊임없이 흐르니까 바위에 붙어 있으면 플랑크톤이 떠내려가다가 거북손의 발에 걸린다. 흐르는 물에 국수를 흘려보내면 젓가락을 담그기만 해도 면이 걸리는 것과 같은 원리다.

또 거북손이 사는 '갯벌'은 썰물 때 수면 위로 모습을 드러내고, 밀물 때 바닷물에 잠기는 곳이다. 갯벌에는 다양한 생물이 살고 있어서 여기에 살면 먹이를 많이 얻을 수 있다.

그렇다면 우리의 포켓몬 거북손손은 어떨까? 도감에 따르면 '물가로 흘러들어 온 해조를 먹는다'고 하니 거북손손도 갯벌 근처에 사는 고착 생물일 가능성이 크다. 앞서 설명했듯이 갯벌에서의 고착 생활은 먹이를 구하는 데 매우 편리하니까.

여기서 궁금한 점은 거북손손이 어째서 달라붙은 바위를 들어 올리면서까지 걷는지다. 사실 현실 세계에도 움직이는 고착 생물이 있다. 말미잘은 죽을 때까지 한 바위에 달라붙어 살 거라 생각하기 쉽지만, 실제로는 바위에서 떨어져 시속 몇 cm로 기어갈 수 있다. 이동해서 조금이라도 더 먹이를 구하기 쉬운 장소를 찾는 것이다. 거북손손이 걷는 이유도 마찬가지일까?

⊙ 두 마리가 함께 살면 이득일까, 손해일까?

그러나 달라붙은 바위를 들어 올려 걸으면 너무 힘들지 않을까 걱정이다. '몸을 늘린 반동으로 바위를 들어 올리며' 걷는다고 하는데 그리 간단한 문제가 아니다.

어디까지나 가정에 불과하지만, 바위에 달라붙지 않은 거북손손이 자신의 키와 똑같이 50cm 거리를 점프할 수 있다고 쳐 보자. 그리고 거북손손이 '자신의 몸무게보다 두 배 무거운 바위에 붙어 있다'면 어떻게 될까?

그렇다면 몸무게가 세 배 늘어난 것과 마찬가지이므로 거북손손이 점프 속도는 $\frac{1}{3}$로 줄어든다. 점프 거리는 속도×속도에 비례하니까 $\frac{1}{9}$로 줄어들어 5.6cm가 된다. 우와, 바위에 붙어사는 건 정말 힘든 일이구나. 바위를 들어 올려 걷는 고착 생물이 현실 세

계에 존재하지 않는 것도 당연하다.

그런데 거북손손에게 흥미가 솟은 까닭은 두 마리가 같은 바위에서 산다는 사실 때문이다. 아까처럼 자신의 몸무게보다 두 배 무거운 바위에 거북손손 두 마리가 붙어 있다고 가정해 보자. 거북손손 두 마리의 몸무게는 바위의 무게와 같으므로, 점프 속도는 바위가 없을 때의 $\frac{1}{2}$이다. 그 결과 점프 거리는 바위가 없을 때의 $\frac{1}{4}$이므로 12.5cm가 된다.

오오, 혼자일 때보다 두 배 이상 낫군. 흔히 '백지장도 맞들면 낫다'고 하는데, 거북손손도 마찬가지다. 이렇게 걸으면서 쌓이는 우정도 거북손손의 매력이겠지.

하지만 이것도 두 마리가 호흡이 맞을 때에나 가능한 이야기다. 한쪽은 몸을 쭉 늘리는데 다른 쪽은 웅크리고 있으면, 웅크린 쪽은 오히려 짐이 된다. 상대방의 무게만큼 더 무거워져 걷기가 매우 고생스러워진다.

이렇게 되면 서로 싸울 게 뻔하다. 포켓몬 도감에서는 '서로 싸우면 한쪽이 다른 바위로 옮겨 간다'고 한다. 상대와 호흡이 맞지 않을 경우에는 다른 바위로 옮기는 것이 과학적으로도 정답이다. 하나부터 열까지 배울 점이 많은 포켓몬이다.

자석포켓몬 레어코일에게 물리를 배우자

레어코일이 나타나면 왜 기계가 고장나고 온도가 올라갈까?

진화하면 모습이 크게 바뀌는 포켓몬이 많지만, 코일에서 레어코일로의 진화는 매우 단순하다. 코일이 세 개 연결되었을 뿐이니까. 오, 그런 진화라면 나도 할 수 있겠다…… 싶었지만, 그러려면 내가 두 명이나 더 필요하잖아…….

이상한 고민으로 아쉬워할 때가 아니다. 단순하게 보이는

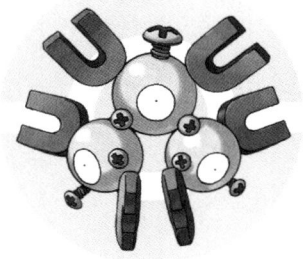

레어코일 자석포켓몬 　타입 전기 강철
▼ Y
● 키 1.0m
● 몸무게 60.0kg

알 수 없는 전파를 발신하고 있어 반경 1km 범위는 기온이 2도 오른다.

것은 겉모습뿐이고 레어코일은 진화하면서 몸무게가 크게 늘어났다. 코일이 6kg이었던 데 비해 레어코일은 60kg, 무려 열 배나 늘었다! 단순히 코일 세 개가 결합했다면 18kg 정도일 텐데, 코일 하나하나가 세 배 이상 무거워진 셈이다.

그리고 무엇보다 주변에 대한 영향력이 커진 사실이 눈에 띈다. 코일 시절에는 '전선에 들러붙어 전기를 먹고 있다. 정전되면 누전 차단기를 살펴보자. 코일이 빽빽이 들러붙어 있을지도 모른다' 오메가루비 며 일부러 찾아보지 않으면 눈치채지 못할 정도로 존재감이 약했다. 그런데 레어코일로 진화하고 나서는 '강한 자력으로 기계를 망가뜨리기 때문에 큰 마을에서는 사이렌을 울려 레어코일의 대량 발생을 알린다.' 오메가루비 헉, 엄청난 경계 대상이 되었다!

레어코일로 인한 피해는 그뿐만이 아니다. '알 수 없는 전파를 발신하고 있어 반경 1km 범위는 기온이 2℃ 오른다.' Y 레어코일이 전파를 발신하면 기온이 올라가 버린다니, 과학적으로 보면 대단히 큰일이다.

레어코일은 도대체 얼마나 강력한 전파를 내보내는 걸까?

◉ 기계에 자석을 가까이 대면 안 되는 이유

레어코일이 위협적인 이유 중 하나는 강한 자기력으로 기계를 고장 내기 때문이다. 포켓몬 도감에는 다음과 같은 설명이 있다.

'강력한 자기장이 정밀 기계를 망가뜨리기 때문에 몬스터볼에 넣어 두지 않으면 주의를 받는 마을도 있다고 한다.' [알파사파이어] 흠, 레어코일은 위험물 수준의 취급을 받고 있군.

현실 세계의 기계 중에도 자석을 가까이 대면 안 되는 것들이 있다. 예를 들어 건전지로 움직이는 아날로그시계에는 모터가 들어 있다. 모터는 자석의 힘으로 움직이기 때문에 다른 자석을 가까이 대면 정확한 시간을 표시할 수 없게 된다.

스마트폰의 위치 표시 기능이나 디지털 카메라의 위치 센서 등은 지구의 자기장을 감지하여 작동한다. 여기에 자석을 가져다 대면 정확한 표시를 할 수 없을 뿐만 아니라 고장이 나는 경우도 있다. 또 호텔의 카드 키와 같은 IC카드도 자석으로 정보를 기록하니까, 자석을 가져다 대면 정보가 파괴될 수도 있다.

물론 자석을 가까이 대도 상관없는 기계도 있고, 약한 자석으로는 영향을 받지 않는 경우도 많다. 하지만 만약의 경우에 대비해서 기계에는 자석을 대지 않는 것이 좋다. 굳이 긁어 부스럼을 만들 필요는 없으니까 말이다.

이렇듯 레어코일은 절대 안심할 수 없는 포켓몬이다. 기계의 모터가 멈추고, 반대로 고속 회전할 때도 있고, TV나 컴퓨터에서 모락모락 연기가 나고, IC카드를 쓸 수 없게 되는 것은 모두 자기력이 엄청나게 강해야 일어나는 현상이다.

그러니까 레어코일이 나타나면 긴급 사태이므로, 반드시 사이렌을 울려야 한다. 레어코일을 잡으면 꼭 몬스터볼에 넣어 두자.

◉ 기온을 올리는 전파란?

그렇다면 레어코일이 '알 수 없는 전파로 주위의 기온을 올라가게 한다'는 것은 어떤 현상일까?

전파를 발신하는 방법에는 여러 가지가 있는데, 그중 하나는 '자석을 움직이는' 것이다. 레어코일은 몸에 강력한 자석이 달려 있으니까 그 자석을 고속 회전시키면 전파를 쏠 수 있다.

여러 가지 전파 중에 '마이크로파(극초단파)'는 물의 온도를 높이는 성질이 있다. 전자레인지는 마이크로파로 음식물 속 수분의 온도를 높이는 장치다. 그래서 우유나 만두 등 다양한 음식을 따끈

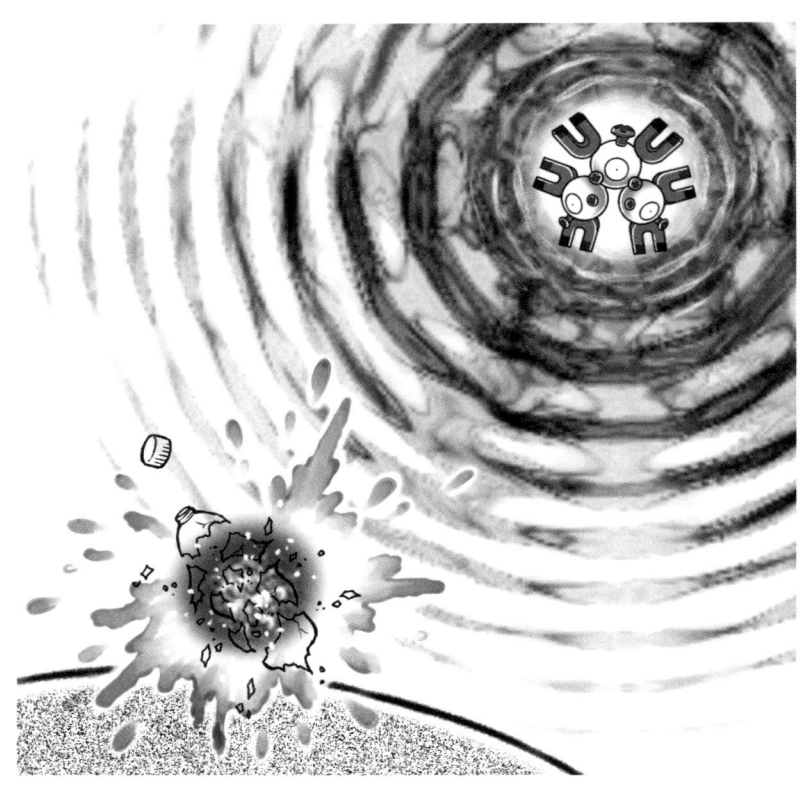

따끈 데울 수 있다.

과학적으로 따져 보면 레어코일은 마이크로파를 쏴서 공기 중의 수증기 온도를 높이는 건지도 모른다. 수증기의 온도가 올라가면 기온도 오르기 때문이다.

그러나 신경 쓰이는 것은 '반경 1km 범위는 기온이 2℃ 오른다'

는 사실이다. 그렇다면 엄청나게 강한 마이크로파다.

기온 15℃일 때, 땅 위의 레어코일로부터 반경 1km 이내의 공기를 모두 합치면 260만t이나 된다. 이 정도로 많은 양의 공기를 2℃씩 올리기 위해서는 12억kcal의 에너지가 필요하다. 10초 만에 기온을 상승시킨다고 가정하면, 레어코일이 발산하는 마이크로파는 가정용 전자레인지 5억 대 분량이다!

이 정도의 위력이면 기온이 2℃ 올라가는 정도로 끝나지 않는다. 앞에서 설명한 대로 마이크로파는 수분의 온도를 상승시키므로, 레어코일로부터 100m 떨어진 장소에 놓인 500ml짜리 페트병들은 2.1초 만에 끓어올라 '펑' 하고 대폭발하고 만다!

그렇다면 레어코일은 절대로 몬스터볼에서 꺼내서는 안 된다! 대량 발생은커녕 한 마리라도 발견하면 사이렌을 크게 울리도록 하자.

오로라포켓몬 스이쿤에게 지구과학을 배우자

북풍의 화신 스이쿤이 오염된 물을 맑게 만드는 원리는?

푸른빛 몸에 보랏빛 갈기를 나부끼며 달리는 스이쿤의 모습은 참으로 아름답고 고상하다. 게다가 더 근사한 점은 스이쿤에게 '오염된 물을 깨끗하게 하는' 능력이 있다는 사실이다.

'세계 곳곳을 뛰어다니며 오염된 물을 정화시킨다. 북풍과 함께 달려나간다.'

스이쿤 오로라포켓몬 타입 물

● 키 2.0m
● 몸무게 187.0kg

▼ 블랙 2・화이트 2

세계 곳곳을 뛰어다니며 오염된 물을 정화시킨다. 북풍과 함께 달려나간다.

'순식간에 더럽고 탁한 물도 깨끗하게 하는 힘을 가졌다. 북풍이 다시 태어난 것이라고 한다.' Y

물은 생물에게 없어서는 안 되는 존재지만, 해로운 물질로 오염된 물이나 나쁜 세균이 번식하는 물은 오히려 독이 된다. 오염된 물을 깨끗하게 만들 수 있다면 얼마나 많은 사람과 생물에게 도움이 될까?

……이렇게 스이쿤의 능력을 무조건 찬양하고 싶지만, 과학적으로는 조금 이해가 안 가는 부분이 있는 것도 사실이다.

포켓몬 도감의 설명에도 나와 있듯이 스이쿤은 북풍과도 밀접한 관계가 있다. 혹시 '북풍이 다시 태어났다'는 말은 스이쿤이 물을 깨끗하게 하는 특징과 관계가 있는 걸까?

이것저것 고민하기 시작하니 머릿속이 매우 복잡해 밤에도 잠이 오지 않는다(그래도 낮잠은 자니까 걱정 마시길). 이 어려운 문제를 함께 생각해 보자.

◎ 물을 맑게 하려면

현실 세계에서 물을 깨끗하게 만드는 일을 하는 곳은 하수 처리장인데, 그 과정은 다음과 같다.

① 침전: 강이나 댐에서 채취한 물을 탱크에 채운 뒤 작은 돌이나 모래가 가라앉기를 기다린다.

② 응고·침전: 약을 섞어 진흙이나 오염 물질을 응고시켜 가라앉기를 기다린다.

③ 여과: 모래와 자갈층을 통과시켜 미세한 오염 물질을 제거한다.

④ 살균: 약으로 세균을 죽인다.

흠, 북풍과 관계가 있어 보이는 것은 아무것도 없잖아.

위에 소개한 내용은 강이나 댐의 물을 깨끗하게 만드는 방법이고, 하수 처리장에서 물을 정화하는 방법은 한 가지 더 있다. 가정이나 공장에서 사용한 물을 정화시키는 방법으로, 하수 처리장에 모인 물을 깨끗하게 만들어 강이나 바다로 내보내거나 소방 용수나 농업 용수로 사용한다.

이러한 하수 정화법은 침전과 여과 외에 세균을 사용하는 방법이다. 어쩌면 이 방법이 스이쿤의 정화 능력을 이해하는 데 참고가 되지 않을까?

세균은 죽은 생물이나 동물의 똥 등을 분해하여 살아가는 데 필요한 에너지를 얻는다. 세균에는 산소를 좋아하는 세균과 산소를 싫어하는 세균이 있다.

'산소를 좋아하는 세균'은 물속의 오염 물질을 이산화탄소와 물로 분해한다. '산소를 싫어하는 세균'은 물속의 오염 물질로 독성이나 악취가 있는 물질을 만들어 낸다. 다시 말해 산소를 싫어하는 세균은 물속의 오염 물질로 더 심한 오염 물질을 만들어 내는 것이다. 가끔 기절할 정도로 지독한 냄새가 나는 개울이나 늪을 볼 때가 있는데, 그 냄새의 이유는 산소를 싫어하는 세균이 많이 살고 있기 때문이다.

그래서 수자원공사에서는 하수를 모아 공기 거품을 불어넣는다. 이 작업을 통해 산소를 좋아하는 세균이 건강해지고, 산소를 싫어하는 세균은 '물속의 오염 물질'이라는 먹이를 빼앗겨 숫자가 줄어든다. 그러면 하수가 깨끗해진다.

이 방법에서 기발한 아이디어가 떠올랐다. 예를 들어 스이쿤이 나타났을 때 함께 불어오는 북풍을 따라 오염된 강이나 연못에 산소가 들어가면, 산소를 좋아하는 세균이 건강해져 물이 깨끗해질지도 모른다.

◎ 북풍이 따뜻한 장소가 있다고?

그렇지만 과학적으로 약간 막무가내인 가설이기는 하다. 더구나 아쉬운 점은 그 바람이 북풍이라는 점이다.

세균은 산소를 좋아하든 싫어하든, 온도가 낮으면 활동이 둔해진다. 스이쿤과 함께 불어오는 바람이 남풍이라면 물이 훨씬 더 깨끗해질 텐데······.

하지만 여기서 상식을 깨 보자. '북풍이 차갑다'는 것은 북반구에서나 통하는 이야기다!

지구는 적도 부근이 가장 덥고, 북극과 남극은 춥다. 남반구는 남쪽으로 갈수록 남극에 가까워지며 추워진다. 남극에서는 북풍이 적도 쪽에서 불어오니까 '따뜻한 바람'이다.

스이쿤이 포켓몬 세계에서 남반구에 살고 있다면 함께 따라오는 북풍은 강이나 호수를 정화시킬 수도 있다! 물론 북풍의 이미지는 '차가운 바람'이지만 말이다.

그리고 걱정스러운 점이 하나 더 있다.

'북풍이 다시 태어났다'는 스이쿤. '북풍과 함께 달려 나간다'는 설명은 설마 북풍이 부는 방향으로 달려간다는 뜻일까?

북풍은 이름 그대로 북쪽에서 남쪽을 향해 부는 바람이다. 그렇다면 스이쿤은 늘 북쪽에서 남쪽으로 이동할까? 북쪽으로 돌아갈 수 없다면 남극에 가까워질수록 북쪽에서 왔다가 갈 곳을 잃은 스이쿤이 점점 늘어날까······? 아니, 이런 어이없는 일이!

흠, 물을 정화하는 문제나 북풍 문제처럼 **스이쿤은 정말 수수께끼로 가득한 포켓몬이다.**

꼬마닭포켓몬 영치코에게 물리를 배우자

1초에 열 번 발차기를 하는 영치코의 놀라운 공격력!

포켓몬의 진화는 재미있기는 하지만, 그 매력이나 능력이 꼭 그대로 이어지는 게 아니어서 더 두근두근하다.

포켓몬 도감에 따르면 풋내기포켓몬 아차모는 '체내에 불꽃을 태우는 곳이 있어서 껴안으면 따끈따끈 정말 따뜻하다. 전신이 푹신푹신한 깃털로 덮여 있다.' 알파사파이어 우와, 귀

영치코 꼬마닭포켓몬 타입 불꽃 격투
▼ 오메가루비
• 키 0.9m
• 몸무게 19.5kg

산과 들을 뛰어다니며 하반신을 단련한다. 스피드와 파워를 겸비한 다리는 1초에 10번 킥을 날린다.

여워!

 게다가 '트레이너에게 바짝 붙어 아장아장 걷는다. 입에서 날리는 불꽃은 1,000℃다. 상대를 새까맣게 태우는 작열하는 불덩이다.' 오메가루비 어라? 읽을수록 뭔가 엄청난 내용인 것 같지만, 너무 귀여우니 이 부분은 신경 쓰지 말아야지.

 이런 아차모가 진화하면 영치코가 된다. 아니, 아차모의 귀여운 모습은 다 어디 갔지? 하지만 포켓몬 도감은 이 궁금증에는 대답해 주지 않고 영치코의 강한 모습만 강조한다. '산과 들을 뛰어다니며 하반신을 단련한다. 스피드와 파워를 겸비한 다리는 1초에 열 번 킥을 날린다.' 오메가루비 대단한걸. 한 번의 킥을 '파박!'으로 표현하면,

 파박! 파박! 파박! 파박! 파박! 파박! 파박! 파박! 파박! 파박!

 이 모든 게 1초 동안 벌어지는 일이라니, 과연 놀라운 진화다. 영치코가 얼마나 놀라운 포켓몬인지 그 공격력을 분석해 보자.

◉ 한 발 한 발이 강력한 킥

1초 동안 열 번이나 킥을 날린다니, 엄청난 일이다. 여러 번의 킥을 짧은 시간 동안 날리려면 '발로 차고', '발을 다시 당기는' 동작을 재빨리 되풀이해야 한다. 1초 동안 날리는 킥 횟수가 늘어날수록 한 발 한 발의 속도도 빨라지고 위력도 강해진다.

영치코의 킥의 위력은 얼마나 대단할까? 현실 세계에서는 실제로 1초 동안 열 번이나 발차기를 할 수는 없으니, 과학적으로 계산할 뿐이지만 말이다.

포켓몬 도감 속 영치코는 왼발을 가볍게 구부리고 양팔을 벌려 균형을 잡으면서 오른발을 앞으로 내밀고 있다. 키가 175cm인 실험자에게 같은 포즈로 발차기 동작을 시켜 보니, 발이 175cm 움직였다. 그렇다면 키가 0.9m인 영치코의 발이 '차고', '당기는' 데 각각 0.9m씩 총 1.8m 움직인다고 가정할 수 있다.

1초에 열 번이면 0.1초에 한 번이다. 그렇다면 발이 움직이는 평균 속도는 초속 18m = 시속 65km가 된다. 하지만 그 킥이 상대에게 맞는 순간의 속도는 평균 속도의 두 배니까 시속 130km다.

엄청난 킥이다. 현실 세계 킥복서가 차는 킥 속도는 시속 60km 정도다. 영치코는 그 두 배의 위력을 지닌 엄청난 킥을 날리는 셈이다! 영치코의 몸무게는 19.5kg이니까 라이트헤비급 복서의 $\frac{1}{4}$밖에 되지 않지만 킥의 충격력은 '체중×속도×속도'로 결정되므로 $\frac{1}{4} \times 2 \times 2 = 1$.

즉 영치코는 키가 두 배, 몸무게가 네 배인 킥복서와 같은 위력으로 킥을 날린다. 이것만으로도 대단한데, 그 킥을 1초에 열 번이나 날린다니!

아니, 그 귀엽던 아차모가 이렇게까지 강해졌을 줄이야…….

ⓢ 시끄러운 울음소리도 무기로 활용

뿐만 아니다. 포켓몬 도감에는 이런 내용도 있다. '부리에서 토해 내는 작열하는 불꽃과 뛰어난 파괴력의 킥으로 싸운다. 울음소리가 커서 무척 시끄럽다.' **알파사파이어**

파괴력이 뛰어난 킥과 부리에서 작열하는 불꽃이라니! 아까 아차모에 대한 설명 중에 신경 쓰이지만 슬쩍 넘어간 부분이었는데……. '입에서 날리는 불꽃은 1,000℃다. 상대를 새까맣게 태우는 작열하는 불덩이다'라는 진화 전의 능력과 연관이 있지 않을까? 그렇다면 귀여움은 사라졌어도 불꽃을 토하는 능력을 물려받았다는 뜻일까?

게다가 영치코가 새롭게 얻은 능력 중 하나는 **시끄러운 울음소리**다! 이걸 능력이라고 봐야 할지는 애매하지만 배틀 상대는 집중

력이 흐트러져서 싫어하지 않을까?

이러한 내용들을 근거로 영치코의 배틀 방식을 상상해 보자.

영치코가 어떤 소리로 우는지는 독자 여러분들이 포켓몬 게임에서 직접 확인해 보길 바란다. 다만 포켓몬 도감은 '무척 시끄럽다'고 주의를 주고 있으니, 귀가 따가울 정도로 큰 소리일 것이다.

이 울음소리에 상대가 주춤한 사이 시속 130km의 킥을 날린다! 첫발로 결정적인 공격을 날린 뒤에 이어서 1초 동안 열 발의 연속 공격!

여기서 중요한 것은 영치코의 킥은 열 발이 아니라 '1초 동안 열 발'이라는 사실이다. 즉, 영치코는 마음만 먹으면 얼마든지 킥을 날릴 수 있다. 2초면 스무 발, 5초면 50발, 그리고 10초면 100발!

승리를 확실히 결정짓기 위해 활활 타오르는 불꽃으로 몰아붙인 뒤 완전히 녹초가 된 상대의 귓가에 대고 계속 시끄럽게 승리를 외치는 영치코…….

헉, 아차모 시절의 귀여움은 이제 아무데도 남아 있지 않군. 하지만 기운이 넘치는 포켓몬 영치코로 진화하고 나서 엄청나게 강력해졌다는 것만은 틀림없는 사실이다.

암흑포켓몬 다크라이에게 지구과학을 배우자

그믐달이 뜨는 밤에
악몽을 꾸게 만드는 다크라이

고등학교 시절 시험 공부를 하는 꿈을 아직까지도 꾸곤 한다. 내일이 시험인데 공부를 하나도 안 했다! 다들 어디로 갔는지, 친구들의 모습도 보이지 않는다! 학교를 전부 뒤져 봐도 아무도 없다. 으악, 어쩌지?

……그러다가 잠에서 깬다. 땀이 뻘뻘 흐르고 가슴이 계속 두근두근거린다. 무슨 영문인지

다크라이 암흑포켓몬 타입 악
- 키 1.5m
- 몸무게 50.5kg

▼ Y

사람들을 깊은 잠으로 끌어들여 꿈을 꾸게 하는 능력을 가지고 있다. 그믐달이 뜨는 밤에 활동한다.

1년에 몇 번씩 이런 꿈을 꾼다. 아, 무서워.

암흑포켓몬 다크라이는 사람들에게 악몽을 꾸게 하는 능력을 가졌다고 한다. 그럼 그 시험 전날에 대한 꿈도 다크라이의 짓일까? 으으……, 어째서 그런 심한 짓을…….

이런 생각을 하며 포켓몬 도감을 펼쳐 보았다.

'자신을 지키기 위해 주변의 사람이나 포켓몬에게 악몽을 꾸게 하지만 다크라이는 나쁜 뜻이 있는 게 아니다.'   뭐? 악몽을 꾸게 하는데 나쁜 뜻이 없다고?

또 '깊은 잠으로 끌어들이는 힘으로 사람과 포켓몬에게 악몽을 꾸게 해 자신의 영역에서 쫓아낸다' 오메가루비 는 해설도 있다. 아하, 왠지 알 듯하다.

다크라이가 악몽을 꾸게 하는 건 자신의 영역에서 쫓아내기 위해서다. 나쁜 의도는 전혀 없다고 하니, 다크라이가 누군가에게 일부러 악몽을 꾸게 하는 건 아닌 듯하다. 그래, 누구에게나 피치 못할 사정은 있는 법이지.

하지만 다시 들어도 괴로운 얘기다. 그 두려운 능력 때문에 악몽을 꾸는 쪽도, 악몽을 꾸게 하는 쪽도 고통스럽지 않을까……?

⊙ 깊은 잠과 꿈의 관계

'사람들을 깊은 잠으로 끌어들여 꿈을 꾸게 하는 능력을 가지고 있다. 그믐달이 뜨는 밤에 활동한다' ⓨ 는 다크라이. 과연 깊은 잠으로 끌어들여 악몽을 꾸게 하는 것이 현실 세계에서도 가능할까?

인간이나 동물은 뇌와 몸이 교대로 잠든다. 뇌가 잠들어 있는 동안에 외부로부터 정보가 들어오지 않기 때문에 소리를 내거나 몸을 흔들어도 잠에서 깨지 않는다. 몸이 잠들어 있는 동안 뇌가 깨어 있으면 작은 자극에도 눈이 떠진다. 즉 뇌의 잠이 몸의 잠보다 깊은 수면이다. 그리고 몸이 잠든 사이, 뇌가 낮의 경험과 기억을 정리하는 것을 우리는 '꿈'이라고 부른다.

이런 사실들로 미루어 생각하면, 깊은 잠에 빠지면 꿈은 꾸지 않는다. 앗, 그렇다면 '깊은 잠으로 끌어들여 꿈을 꾸게 한다'는 다크라이의 능력 자체가 불가능하지 않을까?

혹시나 해서 조사해 보니 놀라운 사실을 알게 되었다. 최근 많은 실험을 통해 인간은 뇌가 잠들어 있을 때도 꿈을 꾼다는 것이 밝혀

졌다. '다크라이의 능력이 현실에서도 가능하다'는 사실이 어느새 증명된 셈이다!

그럼 그렇지, 역시 과학의 진보는 방심할 수가 없다니까.

⊙ 그믐달이 뜨는 밤이란?

포켓몬 도감의 설명 중에 주목할 만한 내용을 찾았다. 바로 다크라이가 '그믐달이 뜨는 밤에 활동한다'는 부분이다.

'그믐달(삭)'이란 달의 차고 이지러지는 가운데 달이 보이지 않는 시기를 가리킨다. 달은 '그믐달 → 초승달 → 상현달(오른쪽이 둥근 반달) → 보름달 → 하현달(왼쪽이 둥근 반달) → 그믐달'의 순서로, 29.5일을 주기로 모습을 바꾼다.

달의 모습이 이렇게 변하는 이유는 어째서일까?

달은 지구의 주위를 공전한다. 지구도 달도 태양 쪽으로 향한 반쪽만 태양 빛이 닿는다. 그리고 지구에서 달을 보면 빛이 닿은 부분만 보인다. 188쪽의 그림처럼 지구에서 볼 때 달이 태양의 반대편에 있으면, 달은 '보름달'이 된다.

그렇다면 '그믐달'은?

그림을 보면 알 수 있듯이, 지구에서 볼 때 달이 **태양과 같은 방향에 있을 때**가 그믐달이다. 그믐달이 **보일 가능성이 있는 장소에**

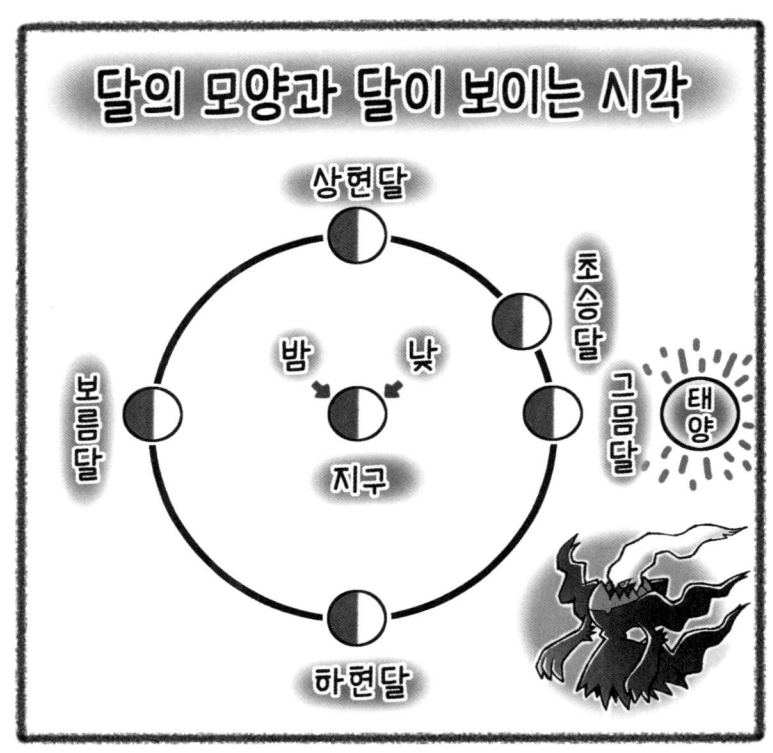

는 태양 빛이 눈부시게 쏟아지므로 모든 곳이 대낮인 상태다. 밝아서 달이 보이기 어려운 데다가 태양 빛이 닿지 않는 달 부분이 지구 쪽을 향하고 있기 때문에, 그 결과 실제로는 보이지 않게 된다.

밤이 되면, 달은 지구 반대편에 자리 잡게 되므로 하늘을 아무리 찾아봐도 달은 없다. 따라서 그믐달이 뜨는 시기에는 낮에도 밤에도 달이 잘 보이지 않는다.

그리고 이 내용을 통해 정말로 기쁜 사실을 알게 되었다. 달은 29.5일마다 원래 모양으로 돌아가니까 달이 전혀 보이지 않는 밤은 한 달에 한 번 밖에 찾아오지 않는다는 사실 말이다!

그렇다면 다크라이가 무서운 능력을 발휘할 수 있는 기회도 한 달에 하룻밤뿐이라는 뜻일까? 야호, 그럼 다른 날에는 아무리 다크라이의 영역을 침범한들, 다크라이가 악몽을 꾸게 할 수 없잖아!

잠깐, 그게 과연 기뻐할 만한 일일까? 자신을 지키기 위해 다른 포켓몬들과 인간에게 악몽을 꾸게 하는 다크라이에게 능력을 발휘할 기회가 한 달에 한 번만 주어진다는 것은 너무나 안타깝다.

게다가 다크라이 자신도 딱히 악몽을 꾸게 만드는 것을 원하지 않는다고 하는데, 우리가 필요 이상으로 다크라이를 무서워하는 것 아닐까? 과학적으로 보면 그 힘을 사용하는 경우가 극히 적은데…….

다크라이의 행복을 위해서라도 독자 여러분께 이 책에서 알게 된 사실을 절대 입 밖에 내지 말아 달라고 부탁하고 싶다. 인간이나 포켓몬들이 '다크라이에게 가까이 가면 반드시 악몽을 꾸게 된다'고 생각해야만 다크라이도 마음 편히 지낼 수 있을 테니까.

다크포켓몬 헬가에게 생물을 배우자

독소 섞인
불꽃을 내뿜는 헬가,
상대방의 운명은?

독자 여러분은 〈딱딱산〉이라는 일본 전래동화를 들어 본 적이 있을까? 토끼는 너구리가 등에 지고 있던 장작에 불을 붙여 화상을 입힌 뒤, 약이라고 속여 상처에 고추장을 바른다. 으악, 무지하게 아프겠다…….

포켓몬 도감에는 헬가에 대해 '화가 났을 때 입에서 뿜어내는 불꽃에는 독소도 섞여 있

헬가 다크포켓몬

타입 악 불꽃
• 키 1.4m
• 몸무게 35.0kg

▼ 블랙 2 • 화이트 2

화가 났을 때 입에서 뿜어내는 불꽃에는 독소도 섞여 있기에 화상을 입으면 계속 욱신거린다.

기에 화상을 입으면 계속 욱신거린다' 블랙2 화이트2 라고 쓰여 있다. 이 내용을 읽었을 때 〈딱딱산〉 이야기가 떠올랐다. 불꽃을 퍼붓는 것만으로도 엄청난 공격인데, 심지어 그 불꽃에 독소가 섞여 있다니! 헬가는 정말 이렇게 엄청난 공격을 하는 걸까?

헬가의 모습을 다시 한 번 찬찬히 살펴보니 탄탄한 몸에 큰 뿔과 예리한 눈빛, 다가가기 어려운 분위기가 감돈다! 포켓몬 도감에서는 '헬가가 으스스하게 멀리서 짖으면 지옥에서 사신이 부르는 소리라고 옛날 사람들은 상상하고 있었다' x 고 한다. 무, 무서워…….

두려워하지 말고 과학적으로 열심히 파고들어 보자. '독소가 섞인 불꽃'이라니, 대체 어떤 불꽃이지?

☉ 독소는 열에 약하다!

'독'이란 생물에게 유해한 물질을 말한다. 그중에서 생물이 만들어 내는 독은 '독소'라고 부른다. 포켓몬도 생물이므로 헬가의 불꽃에 포함된 독도 분명히 '독소'일 것이다.

현실 세계로 눈을 돌리면 독소를 만드는 생물이 참 많다. 육지 동물로는 뱀이나 전갈, 바다 동물로는 복어와 해파리, 식물로는 투구꽃이나 독당근 등이 있다. 또 버섯이나 곰팡이 등의 균류, 대장균이나 보툴리누스균 등의 세균도 독소를 만들기 때문에 독소를 만들어 내는 생물은 모든 종 안에 다 있다고 볼 수 있다.

인체에 미치는 영향도 독에 따라 천차만별이다. 뇌나 신경 혹은 근육의 기능을 방해하는 독, 혈액 안에서 산소를 운반하는 적혈구를 파괴하는 독, 강력한 알레르기 증상을 일으키는 독……. 아아, 쓰다 보니 무섭다.

그러나 헬가처럼 불꽃에 독소를 섞을 수가 있을까?

문득 '열탕 소독'과 '자비 소독'이라는 말이 떠올랐다. 둘 다 끓는 물로 독소의 독성을 없애는 것인데, 그렇다면 독소는 열에 약하다는 뜻 아닐까?

사실 대부분의 동물이 만들어 내는 독소는 고온에 약해서, 해파리에 쏘였을 때는 쏘인 부위를 뜨거운 물에 담그기만 해도 통증이 누그러진다. 그러나 방심은 금물이다. 세균과 세균이 만드는 독소 중에는 열에 강한 것도 있다. 식중독을 일으키는 보툴리누스균의 독소는 10분 동안 뜨거운 물에서 끓여 독성을 없애도 보툴리누스균 자체는 살아남아 물의 온도가 내려가면 다시 새로운 독소를 만들어 낸다.

동물의 독 중에도 복어가 만드는 독소는 300℃에서도 분해되지 않는다. '복어는 회로 먹으면 탈이 나지만, 끓여서 소독하면 괜찮아' 하고 방심하는 어른들이 있는데, 터무니없이 위험한 착각이다.

이렇게 현실 세계의 독소에 대해 알고 나면 헬가가 뿜어내는 독소 섞인 불꽃도 이상하지는 않다.

☻ 앗, 그렇게까지 맹독은 아니라고?

그렇다면 헬가의 불꽃을 뒤집어쓴 상대는 어떻게 될까?

화상으로 고통스러운 데다가 몸에 독소가 퍼져 결국……. 이런, 불길한 상상이…….

잠깐, 포켓몬 도감에는 '계속 욱신거린다'고만 써 있을 뿐이다. '욱신거린다'는 말은 '쿡쿡 쑤시고 아프다'는 뜻이니 괴로워하며 데굴데굴 구를 정도로 아픈 게 아니라면 목숨과는 상관없다. 헬가의 매서운 눈초리를 보면 무심코 '엄청난 독소가 아닐까' 지레 겁을 먹게 되지만 사실은 많이 아프지 않을 수도 있다.

다친 상처 부위에 소금을 뿌리면 정말 아픈데, 소금이 상처 부위의 세포에서 수분을 빨아들여 세포를 죽이기 때문이다. 세포는 죽을 때 주위에 위기 상황임을 알리기 위해 통증을 일으키는 '발통 물질'을 만들어 낸다. 이 발통 물질이 신경을 자극하기 때문에 아픈 것이다.

〈딱딱산〉 이야기에서 토끼는 너구리의 화상에 고추장을 발랐다.

고추장에 포함된 '캡사이신'이라는 물질은 신경을 직접 자극한다. TV의 예능 프로그램에서 엄청나게 매운 요리를 먹은 사람이 '매운 정도가 아니라 입안이 아파요!' 하고 호소하는 경우가 있는데, 정말로 아픈 게 맞다. 화상으로 벗겨진 피부에 고추장을 바르면 드러난 신경이 자극받아 엉엉 울 만큼 아프겠지. 토끼는 아주 제대로 골탕을 먹인 셈이다.

헬가의 독소가 구체적으로 어떤 종류인지는 모르겠지만 소금이나 고추장을 바르는 것처럼 강한 자극은 아닐 것 같다는 생각이 든다. 그렇게 생각하는 이유는 '머리의 뿔이 크게 뒤로 꺾여 있는 헬가가 그룹의 리더 격인 존재다. 동료 간에 경쟁하여 리더가 결정된다' 오메가루비 알파사파이어 는 내용 때문이다.

헬가의 독소가 너무 독하면 동료끼리 싸울 때 서로 상처를 입힐 수도 있다. 그렇게 되면 무리를 짓는 것조차 불가능해진다. 불꽃의 독소보다는 무리를 지음으로써 강한 것이 헬가의 특징일지도 모른다고 추측해 본다.

> 부정하기포켓몬 다탱구에게 물리를 배우자

집을 날려 버리는 다탱구의 부채는 대체 어떤 바람을 일으킬까?

다탱구는 부정하기포켓몬으로 분류된다. '부정'을 사전에서 찾아보면 '바르지 않은 것. 도리에 어긋난 것'이라는 뜻이라고 한다. 하지만 다탱구가 그렇게 나쁜 포켓몬이라고?

포켓몬 도감을 조사해 보니 다음과 같은 내용이 실려 있었다. '수령 1,000년을 넘은 큰 나무 꼭대기에 산다고 전해지는

다탱구 부정하기포켓몬　타입　풀　악
▼ 블랙 2 · 화이트 2
● 키 1.3m
● 몸무게 59.6kg

잎사귀 부채를 부치면 풍속 30m의 돌풍이 일어나 민가를 날려버린다.

불가사의한 포켓몬이다. 잎사귀 부채로 강풍을 일으킨다.' 오메가루비
흠, 부정보다는 도리어 신비로움이 느껴지는걸.

다탱구는 바람과 관계가 있는 포켓몬이고, '잎사귀 부채를 부치면 풍속 30m의 돌풍이 일어나 민가를 날려 버린다' 블랙 2 화이트 2 고 한다. 다탱구가 날리는 바람에 대해 알아보자.

◉ 풍속 30m는 얼마나 센 바람일까?

다탱구가 날리는 바람은 풍속 30m라는데, 대체 얼마나 센 바람일까?

바람의 빠르기를 '초속'으로 나타낸 것이 '풍속'이다. 예를 들어 '풍속 30m'란 바람이 초속 30m로 부는 것을 말한다. 이를 시속으로 바꾸면 시속 108km고, 50m 코스를 1.7초 만에 달리는 어마어마하게 빠른 속도다. 초속 17.2m 이상의 바람부터 '태풍'이라고 부르니까 다탱구의 바람은 태풍보다 강력한 바람이다.

이런 바람이 불면 대체 어떤 일이 벌어질까? 기상청에서 바람의 세기를 구분할 때 사용하는 '보퍼트 풍력 계급'에서는 풍속 17.2m 이상의 바람과 그에 따른 현상을 다음과 같이 표시한다.

풍속(m)	바람 이름	발생 현상
17.2~20.7	큰바람	나뭇가지가 부러진다. 바람 쪽으로 걸을 수 없다.
20.8~24.4	큰센바람	지붕의 기왓장이 날아간다. 인가에 피해가 생기기 시작한다.
24.5~28.4	노대바람	내륙 지역에서는 드물다. 나무가 뿌리채 뽑혀 나가기 시작한다. 인가에 막대한 피해가 발생한다.
28.5~32.6	왕바람	좀처럼 발생하지 않는 바람. 넓은 범위의 피해를 동반한다.
32.7 이상	싹쓸바람	피해가 더더욱 심해진다.

날씨 뉴스에서 태풍에 대해 보도할 때 이 수치를 웃도는 소식을 전할 때도 있다. 이는 대부분 '최대 순간 풍속'으로 어느 한 순간에 관측된 가장 빠른 바람의 수치를 말한다.

이와 별개로 '최대 풍속'이 있다. 기상청에서 10분 단위로 측정하는 풍속의 평균값 중 가장 빠른 값을 말한다. 아무 정보 없이 '풍속'이라고 말하면 보통은 최대 풍속을 가리킨다.

다탱구가 부채로 일으키는 바람도 단순히 풍속 30m라고 표현했으니까, 현실 세계의 과학적 해석에 따르면 최대 풍속을 말할 가능성이 크다. 이는 보퍼트 풍력 계급의 '왕바람'에 해당하며 좀처럼 발생하지 않는 바람으로 어마어마한 피해를 입힌다!

◎ 진퇴양난에 빠진 다탱구

바람의 위력도 놀랍지만 더더욱 놀라운 사실은 이 바람을 잎사귀 부채로 일으킨다는 것이다. 다탱구는 얼마나 세게 부채질을 하기에 풍속 30m나 되는 바람을 불게 하는 걸까?

초등학교 과학 시간에 배운 '바람의 성질'을 떠올려 보자. 바람은 발생원에 가까울수록 세고, 멀어질수록 넓게 퍼져 약해진다.

다탱구도 이 문제에서 자유로울 수 없을 것이다. **부채에 가까울수록 바람의 위력은 강해진다.** 다탱구가 집을 날려 버리려 마음먹

었다면 되도록 목표물에 접근하는 게 좋다.

 그러나 너무 가까이 가면 바람이 집의 일부분밖에 맞히지 못한다. 그렇게 되면 현관만 부서질지도 모른다. 집 전체를 날리려면 어느 정도 거리를 둘 필요가 있다. 하지만 너무 멀어지면 바람의 힘이 약해져 버릴 테고…… 고민에 빠지는 다탱구…….

아니, 하지만 다탱구는 집을 날려 버릴 테니까 멀리 떨어져도 풍속 30m의 바람을 목표물에 맞힐 것이 분명하다. 즉 다탱구가 부채로 일으킨 바람의 풍속은 훨씬 더 엄청나다는 뜻이다!

풍속은 '거리×거리'에 반비례하여 약해진다. 집을 날리는 다탱구가 5m 떨어진 곳에서 바람을 일으킨다고 가정하자. 그림을 기준으로 재어 보면 다탱구의 어깨부터 부채 중심까지는 50cm 정도일 것 같다. 거리가 열 배로 멀어지면, 풍속은 $10 \times 10 = 100$에 반비례하니까 $\frac{1}{100}$로 약해진다. 그런데도 30m 풍속을 유지할 수 있다면, 다탱구의 부채에서 나오는 순간 풍속은 3,000m나 된다!

이렇게 거센 바람은 $1m^2$ 당 1,100t의 풍압을 발생시킨다. 이런 바람을 불게 하면 다탱구도 '작용·반작용의 법칙' 때문에 뒤로 밀릴 텐데, 이 힘을 견뎌 내다니 정말 대단하다. 땅을 향해 부채를 부치면 다탱구는 가볍게 하늘을 날 수도 있을 것이다!

민폐를 끼치기는 하지만 다탱구는 역시 대단한 포켓몬이다. 부정한지 아닌지는 음…… 아직 잘 모르겠다.

백양포켓몬 레시라무와 흑음포켓몬 제크로무에게 지구과학을 배우자

레시라무와 제크로무, 제발 세상을 불태우지 말아 줘!

레시라무와 제크로무를 보면 포켓몬 세상에도 여러 가지 사정이 있겠구나 싶다. 이 둘은 원래 한 마리의 포켓몬이었다고 한다.

하나지방에 전해지는 전설에 의하면 그 포켓몬은 쌍둥이 영웅과 함께 새로운 국가를 건설했다. 그러나 쌍둥이 영웅은 서로 맞서 형은 '진실'을 추구하고

동생은 '이상'을 추구하게 되었다. 그로 인해 한 마리의 포켓몬이 둘로 나뉘어 레시라무와 제크로무가 태어나게 된 것이다. 순백의 레시라무는 진실의 세계를 만드는 사람을 도우며, 칠흑처럼 검은 제크로무는 이상의 세계를 만드는 사람을 보좌한다…….

이런 어려운 문제가 있었다니! '진실'의 반대말은 '거짓'이고, '이상'의 반대말은 '현실'이다. 반대말이 이만큼 다르다는 사실은 '진실'과 '이상'도 대립하는 개념이 아니라는 뜻이려나?

예를 들어 독자 여러분들이 〈상상초월 포켓몬 과학 연구소〉 시리즈를 읽고 과학에 흥미를 가지길 바라는 마음은 '이상'이지만, 즐겁게 웃으며 읽기만 하고 끝나 버리는 '진실'도 결코 나쁘지만은 않다…… 으음…… .

머리에서 연기가 날 것 같으니까 과학적인 주제로 다시 돌아가도록 하자.

한 쌍을 이루는 두 마리의 포켓몬에게는 공통점도 있다. 레시라무와 제크로무 모두 땅을 불태우는 힘을 가졌다는 점이다. 그 능력에 대해 잠깐 살펴보자.

◉ 번개로 인해 화재가 일어날 수 있을까?

레시라무와 제크로무는 어떻게 땅을 불태울까?

레시라무 백양포켓몬 타입 드래곤 불꽃
● 키 3.2m
● 몸무게 330.0kg

▼ 블랙 2 · 화이트 2

불꽃으로 세상을 태워 버릴 수 있는 전설의 포켓몬. 진실의 세계를 구축하는 사람을 도와준다.

포켓몬 도감은 레시라무에 대해 '레시라무의 꼬리가 불타면 열에너지로 대기가 움직여서 세계의 날씨가 변화된다'고 해설하고, 제크로무에 대해서는 '꼬리로 전기를 만들어 낸다. 전신을 번개 구름에 숨기고 하나지방의 하늘을 난다'고 설명한다.

레시라무는 꼬리를 불태우고, 제크로무는 꼬리로 전기를 만든다. 약간 다르지만 둘 다 꼬리가 중요한 기능을 하는 셈이다. 흐음, 과연 원래는 한 마리의 포켓몬이었을 법하군.

감탄할 때가 아니다. 이 두 마리를 비교하면 레시라무는 불꽃을 내뿜을 테니 땅이 불타는 게 이해가 되지만, 제크로무는? 번개를 조종하는 것만으로 화재를 일으킬 수 있을까?

사실 번개는 매우 무섭다. 지구는 육지의 31%가 삼림 지역이며 화재가 자주 발생한다. 2009년에 오스트레일리아에서 발생한 산불은 36일 동안이나 탔다. 이렇게 엄청난 산불의 원인은 무엇일까? 가장 많은 경우는 나뭇가지가 바람 때문에 서로 마찰하다가 불

제크로무 **흑음포켓몬** 타입 드래곤 전기
● 키 2.9m
● 몸무게 345.0kg
▼ 블랙 2・화이트 2
번개로 세상을 태워 버릴 수 있는 전설의 포켓몬.
이상의 세계를 구축하는 사람을 보좌한다.

이 붙는 '자연 발화'지만, 그 다음으로 많은 원인이 '벼락', 바로 번개다. 다시 말해 제크로무가 번개를 쾅쾅 만들면 전 세계의 숲에서 산불이 일어날 수 있다. 흠, 무서운 포켓몬이네.

⊙ 세계의 날씨가 바뀐다고?

레시라무의 능력도 놀랍기는 마찬가지다. 독자 여러분은 아까 소개한 포켓몬 도감의 해설에 살짝 무서운 내용이 섞여 있다는 걸 눈치챘을까?

다시 한 번 읽어 보자. '레시라무의 꼬리가 불타면 열에너지로 대기가 움직여서 세계의 날씨가 변화된다.' 맞다, 레시라무는 무시무시하게도 꼬리를 불태워 세계의 날씨를 바꿔 버리는 것이다!

현실 세계로 눈을 돌려 보자. 1991년 6월, 필리핀의 피나투보 화산이 폭발하자 지구에 이상 기상이 발생했다. 화산이 뿜어낸 연기 속 '에어로졸'이라는 작은 입자가 1991년부터 1993년까지 공중을 떠다니며 태양 광선을 차단해 지구의 평균기온이 0.4℃나 내려간 것이다. 이 때문에 세계 각지에서 호우가 쏟아지고 강이 범람하는 등 이상 현상이 발생했다. 우리나라도 1993년 여름의 기온이 기록적으로 낮아져 쌀 수확량이 200만 섬 이상 줄어 심각한 피해를 겪었다고 한다.

피나투보 화산은 에어로졸이 태양 광선을 차단해 지구의 기온을 낮췄지만, 레시라무는 꼬리를 불태우니 지구의 기온을 높일 것이다. 가령 피나투보 화산과는 반대로 세계의 평균 기온을 0.4℃ 상승시킨다고 가정하고, 레시라무가 내뿜는 열에너지를 석유로 환산하면 470억t 분량이다. 피나투보 화산 폭발로 발생한 열에너지는 석유 2억t 분량이니까 그 235배나 된다!

게다가 레시라무와 제크로무는 세계를 불태운다고 한다. 이렇게 되면 어떤 결과가 일어날까? 무엇보다 두려운 것은 숲을 불태우는 것이다. 현실 세계의 지구를 기준으로 생각해 보자. 육지의 31%를 차지하는 삼림의 식물이 전부 불타면 석유 3,700억t 분량의 열에너지가 발생한다. 그러면 지구의 기온을 0.4℃ 높이는 열에너지의 여덟 배니까, 지구의 기온은 3.2℃나 상승한다!

게다가 대량의 이산화탄소가 발생하고, 지구 온난화도 진행되고…… 으악, 그야말로 대형 화재다. 레시라무와 제크로무가 마음

만 먹으면 그런 엄청난 화재를 일으킬 수 있다는 얘기인가?

으음, 레시라무와 제크로무가 대단하다는 사실은 충분히 이해했으니, 앞으로 그 능력을 발휘하는 일이 절대 없기만을 바랄 뿐이다.

SANGSANGCHOWOL POKÉMON GWAHAK YEONGUSO VOL.3
POKÉMON KUSOKAGAKU DOKUHON VOL.3
By Rikao YANAGITA, Kagemaru HIMENO, POKÉMON Co.,INC.
ⓒ2021 Rikao YANAGITA ⓒ2021 Kagemaru HIMENO
ⓒ2021 Pokémon.
ⓒ1995-2021 Nintendo/Creatures Inc./GAME FREAK inc.
All rights reserved
Original Japanese edition published by OVERLAP.
Korean translation rights in Korea arranged with OVERLAP.
포켓몬스터, 포켓몬, Pokémon은 Nintendo의 상표입니다.
본 제품은 한국 내 독점적 저작권 관리자인 ㈜포켓몬코리아와의 정식계약에 의해 생산되므로 무단 복제 시 법의 처벌을 받게 됩니다. 한국 내에서만 판매 가능.

상상초월 포켓몬 과학 연구소 3

지은이 야나기타 리카오
그린이 히메노 가게마루
옮긴이 정인영
협력 포켓몬주식회사

1판 1쇄 발행 2018년 7월 30일
1판 10쇄 발행 2024년 10월 18일

펴낸이 김영곤
프로젝트2팀 김은영 이은영 권정화 우경진 오지애 김지수 박시수 **디자인** 강홍주
아동마케팅 장철용 황혜선 양슬기 명인수 이규림 손용우 최윤아 송혜수 이주은
영업 변유경 김영남 강경남 황성진 김도연 권채영 전연우 최유성
해외기획 최연순 소은선 홍희정 **제작** 이영민 권경민

펴낸곳 ㈜북이십일 아울북
출판등록 2000년 5월 6일 제406-2003-061호
주소 (우10881) 경기도 파주시 문발동 회동길 201
대표전화 031-955-2100 **팩스** 031-955-2177
홈페이지 www.book21.com

ISBN 978-89-509-7323-0
ISBN 978-89-509-6949-3 (세트)

* 책값은 뒤표지에 있습니다.
* 이 책 내용의 일부 또는 전부를 재사용하려면 반드시 ㈜북이십일의 동의를 얻어야 합니다.
* 잘못 만들어진 책은 구입하신 서점에서 교환해 드립니다.

- 제조자명: ㈜북이십일
- 주소 및 전화번호: 경기도 파주시 회동길 201(문발동) / 031-955-2100
- 제조연월: 2024.10.18.
- 제조국명: 대한민국 • 사용연령: 5세 이상 어린이 제품